אוכמניות בליס

ספר בישול עם 100 מתכונים טעימים. מארוחת בוקר לקינוח, חקור את העולם הטעים של האוכמניות

גרבניו סיק

חומר זכויות יוצרים © 2023

כל הזכויות שמורות

כתב ויתור

המידע הכלול בספר זה אמור לשמש אוסף מקיף של אסטרטגיות שמחבר ספר זה ערך מחקר לגביהן. סיכומים, אסטרטגיות, טיפים וטריקים מומלצים רק על ידי המחבר, וקריאה בספר זה לא תבטיח שהתוצאות של האדם ישקפו בדיוק את התוצאות של המחבר. מחבר הספר עשה את כל המאמצים הסבירים לספק מידע עדכני ומדויק עבור קוראי הספר. המחבר ושותפיו לא ישאו באחריות לכל טעות או השמטות לא מכוונות שתימצא. החומר בספר עשוי לכלול מידע מצדדים שלישיים. חומרים של צד שלישי כוללים דעות המובעות על ידי בעליהם. ככזה, מחבר הספר אינו נושא באחריות או חבות לכל חומר או דעה של צד שלישי.

תוכן העניינים

תוכן העניינים **3**
מבוא **7**
ארוחת בוקר **8**
1. לחם צרפתי אוכמניות אפוי 9
2. קרפ יער עם רוטב תפוזים 11
3. אוכמניות וניל שיבולת שועל ללילה 13
4. לביבות יוגורט משיבולת שועל אוכמניות 15
5. פודינג קשת ליים צ'יה 17
6. שיבולת שועל של עוגת גבינה אוכמניות לימון 19
7. קערת ארוחת בוקר PB-שיבולת שועל 21
8. וופל כוח חלבון 23
9. שייק ברי אסאי 25
10. פרנץ' טוסט אוכמניות ללילה 27
11. וופל אוכמניות טעים 29
12. וופלים של אמא הכל 31
13. קרפ אוכמניות-לימון 33
14. לביבות בוסמת אוכמניות 35
15. פנקייק אוכמניות מושלם 37
16. אוכמניות ספירולינה ללילה שיבולת שועל 39
17. פודינג פשתן ליים 41
18. קערות ארוחת בוקר קוקוס קינואה 43
19. סלט ארוחת בוקר אוכמניות 45
20. וופלים של לחם תירס אוכמניות 47
21. ביס פנקייק אוכמניות 49
22. ארוחת בוקר שקדי קוקוס 51
23. לביבות בננה-אוכמניות 53
24. וופל אוכמניות בנשק לימון 55
25. פרנץ' טוסט אוכמניות שרופה 57

59	26. גרנולה עם פרחי מאכל
61	**חֲטִיפִים**
62	27. שבביות ירקות חומוס בענן
64	28. מיקס טרייל
66	29. תותים ממולאים נוטלה
68	30. פיצה טבעונית ענבים אנד ברי
70	31. בטטה ממולאת
72	32. סקונס אוכמניות-לימון
74	33. מאפינס אוכמניות
76	34. פצצות שומן אוכמניות
78	35. Easy Choco Blueberry Fat Bombs
80	36. אוכמניות פיירוגי
83	37. עוגיות אוכמניות ושמנת
86	38. לביבות אוכמניות/תירס
88	39. פירורי אוכמניות
90	40. קאפקייקס לימון ואוכמניות
93	41. חטיף פירות עם אזוב ים
95	**מנה עיקרית**
96	42. מרק תותים/אוכמניות
98	43. ריזוטו אוכמניות עם בולטוס
100	44. תבשיל חזירי בר עם אוכמניות
102	45. פיצה תפוחי אדמה, בצל וצ'אטני
105	46. סלט אוכמניות, מנדרינה, גזר ואורוגולה בצנצנת
107	47. סלט עוף, אוכמניות ואבוקדו
109	48. סלט עוף, אוכמניות, ריקוטה ותותים
111	49. סלט קינואה, אפונה ירוקה, אספרגוס וצנון
113	50. סלט קינואה, תרד, אוכמניות ותותים
115	51. סלט קינואה ברי
117	52. סלט עוף, אוכמניות ואבוקדו
119	**קינוח**
120	53. פריך אוכמניות ואפרסק

122	54. עוגת לימון אוכמניות
124	55. אוכמניות לבנדר חמוציות פריכות
126	56. עוגות יד אוכמניות
128	57. טארט חלב אוכמניות
131	58. סופלה שיבולת שועל
133	59. גלידת אוכמניות וניל
135	60. שרבט אוכמניות
137	61. סורבה פירות יער מעורבים
139	62. גלידת עוגת גבינה אוכמניות
142	63. קומפוט לימון אוכמניות Sous Vide
144	64. פרפה לארוחת בוקר רימון אוכמניות
146	65. גלידת אמרטו דובדבן ואוכמניות
148	66. עוגת קמח תירס אוכמניות
150	67. שבבי פירות יער גולמיים
152	68. טארט אוכמניות
154	69. פירור חלב ברי
156	70. פריך אגוזי אוכמניות תפוחים
158	71. אוכמניות בוי פיתיון
160	72. עוגת זבל אוכמניות
162	73. לחם לימון אוכמניות מתפרק
164	74. סנדלר ברי מעורב עם ביסקוויטים סוכר
167	75. פירות יער קיץ עם נענע טרייה
169	76. זוטות יוזו אוכמניות בודדות
172	77. פאי ריבס אוכמניות
174	78. תבשיל שיבולת שועל ברי דובדבן
176	**רטבים**
177	79. רוטב פירות קיץ
179	80. רוטב אוכמניות
181	81. סירופ אוכמניות טעים
183	82. ריבת אוכמניות
185	**סמוטי וקוקטיילים**

186	83. אליקסיר רימונים Ombré
188	84. אוכמניות קרח עם אשכולית לבנה
190	85. שייק ירוק
192	86. קייל דובדבן אוכמניות
194	87. שייק חלבון פאוור
196	88. שייק סופרפוד
198	89. הפאוור שייק של ד"ר מייק
200	90. ברייט ברי שייק
202	91. שייק מנגו אוכמניות
204	92. פיצוץ אוכמניות
206	93. שייק מאפין אוכמניות
208	94. שייק קוקוס אוכמניות
210	95. שייק קטו טרופי
212	96. שייק אספסת מונבט
214	97. שייק אוכמניות
216	98. שייק קקאו תרד
218	99. שייק פאי אוכמניות
220	100. שייק קוקוס קשת
222	סיכום

מבוא

אוכמניות נחשבות ל"חבילת בריאות טבעית", המכילה סוגים מגוונים של תרכובות ביו-אקטיביות, התורמות ליתרונות בריאותיים רבים. פירות יער טעימים אלו משכו תשומת לב רבה ועניין יוצא דופן מצד מדענים, תזונאים ויצרני מזון, וכמובן הצרכנים, בשל יכולתם הגבוהה של נוגדי חמצון שדווחו מדעית הנובעת מהמגוון הרחב של תרכובות פוליפנוליות.

ההשפעות המועילות של אוכמניות למספר מחלות כרוניות כולל סרטן, הפרעות לב וכלי דם, סוכרת ומחלות ניווניות עצביות. תכונות בריאות אלו קשורות לשפע של נוגדי חמצון בפירות יער אלו.
אוכמניות הן פרי רב תכליתי וטעים שניתן להשתמש בו במגוון רחב של מנות, מארוחת בוקר ועד ערב, ואפילו קינוחים. עם Blueberry Bliss, תגלו 100 מתכונים מעוררי תיאבון שמציגים את הטעם הנפלא והיתרונות התזונתיים של מזון העל הזה. יתרה מכך, כל מתכון מלווה בתצלום מהמם בצבע מלא, נותן לכם מדריך ויזואלי למנה המוגמרת.

בספר הבישול הזה, תמצאו הכל, החל מפנקייקים ומאפינס אוכמניות קלאסיים ועד מנות מלוחות כמו שקדי חזיר מזוגגים באוכמניות וסלט קינואה אוכמניות. וכמובן, יש המון קינוחים מפנקים, כמו חטיפי עוגת גבינה אוכמניות וסנדלר אוכמניות.

כל מתכון מעוצב בקפידה כדי להדגיש את הטעם והמרקם הייחודיים של אוכמניות, ורבים כוללים גם טיפים מועילים וגיוונים כדי להפוך אותם לטעימים עוד יותר. בין אם אתה טבח ותיק או רק מתחיל במטבח, Blueberry Bliss הוא המדריך המושלם לחקור את האפשרויות הרבות של הפרי המדהים הזה.

עם התמונות היפות והמתכונים הקלים למעקב, אוכמניות בליס היא חגיגה לעיניים ולבלוטות הטעם. בין אם אתם מחפשים טוויסט חדש לאהוב ישן או רוצים להתנסות במרכיב חדש, ספר הבישול הזה בטוח יעורר אתכם. אז למה שלא תתחיל את ההרפתקה הקולינרית שלך היום ותגלה את העולם המאושר של בישול אוכמניות?.

ארוחת בוקר

1. **לחם צרפתי אוכמניות אפוי**

מכינה: 8 מנות

רכיבים:

- 16 אונקיות לחם איטלקי
- 4 ביצים
- ½ כוס חלב, 2% דל שומן
- ¼ כפית אבקת אפייה
- 1 כפית וניל
- 2½ כוס אוכמניות, קפואות או טריות
- ½ כוס סוכר
- 1 כפית קינמון
- 1 כפית עמילן תירס
- 2 כפות חמאה, מומסת
- ¼ כוס אבקת סוכר

הוראות:

a) פורסים את הלחם על האלכסון כדי ליצור חתיכות בעובי 8¾ אינץ', העקבים הוסרו. מסדרים את פרוסות הלחם בתבנית אפייה בגודל 10 על 15 אינץ'.

b) בקערה בינונית מקציפים יחד את הביצים, החלב, אבקת האפייה והוניל.

c) יוצקים לאט את התערובת על הלחם, הופכים כל פרוסה לציפוי מלא. מכסים את הכלי בניילון נצמד ומעבירים למקרר לשעה לפחות, אך רצוי למשך הלילה.

d) מחממים את התנור ל-425 מעלות. מצפים תבנית אפייה נוספת בגודל 10 על 15 אינץ' בספריי בישול נון-סטיק. מפזרים את האוכמניות על תחתית התבנית.

e) מערבבים יחד את הסוכר, הקינמון ועמילן התירס ויוצקים אפילו על גבי פירות היער. תוקעים היטב את פרוסות הלחם מעל האוכמניות, כשהצד הרטוב ביותר כלפי מעלה. מברישים את הלחם בחמאה מומסת.

f) אופים את הפרנץ' טוסט במרכז התנור במשך 20 עד 25 דקות, או עד להזהבה.

g) להגשה, מניחים את הטוסט - עם צד פירות היער כלפי מטה - על צלחות מחוממות. מערבבים את תערובת פירות היער שנותרה בתבנית האפייה, ואז גורפים מעל את הטוסט.

h) מפזרים אבקת סוכר.

2. **קרפ פירות יער עם רוטב תפוזים**

מכינה: 4 מנות

רכיבים:

- 1 כוס אוכמניות טריות
- 1 כוס תותים פרוסים
- 1 כף סוכר
- שלוש חבילות 3 אונקיות של גבינת שמנת מרוככת
- ¼ כוס דבש
- ¾ כוס מיץ תפוזים
- 8 קרפים

הוראות:

a) מערבבים אוכמניות, תותים וסוכר בקערה קטנה ומניחים בצד.
b) להכנת רוטב, מקציפים גבינת שמנת ודבש עד לקבלת תערובת בהירה, ומקציפים באיטיות מיץ תפוזים.
c) כף בחצי כוס מילוי פירות יער במרכז 1 קרפ. כף 1 כף רוטב על פירות היער. מגלגלים, ומניחים על צלחת הגשה. חזור על הפעולה עם שאר הקרפים.
d) יוצקים את יתרת הרוטב על קרפ.

3. אוכמניות וניל שיבולת שועל ללילה

עושה: 1

רכיבים:

- ½ כוס שיבולת שועל
- ⅓ כוס מים
- ¼ כוס יוגורט דל שומן
- ½ כפיות טחונותונילאפונה
- 1 כףפִּשׁתָןארוחת זרעים
- קורט מלח
- אוכמניות, שקדים, פטל שחור, נאדבשלציפוי

הוראות:

a) מוסיפים את המרכיבים (פרט לתוספות) לקערה בערב. מקררים למשך הלילה.

b) בבוקר מערבבים את התערובת. זה צריך להיות עבה. מוסיפים את התוספות לבחירתך.

4. **לביבות יוגורט משיבולת שועל אוכמניות**

רכיבים:

- ½ פלוס ⅓ כוס קמח לבן מלא
- ½ כוס שיבולת שועל מגולגלת מיושנת
- 1 ½ כפיות סוכר
- ½ כפית אבקת אפייה
- ½ כפית סודה לשתייה
- ¼ כפית מלח כשר
- ¾ כוס יוגורט יווני
- ½ כוס חלב 2%.
- 1 כפית שמן זית
- ביצה 1 גדולה
- ½ כוס אוכמניות
- 12 תותים, פרוסים דק
- 2 קיווי, קלופים ופרוסים דק
- ¼ כוס סירופ מייפל

הוראות:

a) מחממים מראש מחבת טפלון ל-350 מעלות F או מחממים מחבת טפלון על אש בינונית-גבוהה. מצפים קלות את המחבת או המחבת בספריי טפלון.

b) בקערה גדולה מערבבים את הקמח, שיבולת השועל, הסוכר, אבקת האפייה, הסודה לשתייה והמלח. בכוס מדידה זכוכית גדולה או קערה אחרת, טורפים יחד את היוגורט, החלב, שמן הזית והביצה. יוצקים את התערובת הרטובה על החומרים היבשים ומערבבים בעזרת מרית גומי רק עד ללחות. מוסיפים את האוכמניות ומערבבים בעדינות לאיחוד.

c) עובדים בקבוצות, גורפים ⅓ כוס בלילה לכל פנקייק על הרשת ומבשלים עד שמופיעות בועות מלמעלה והחלק התחתון שחום יפה, כ-2 דקות. הופכים ומבשלים את הלביבות בצד השני, 1 עד 2 דקות יותר.

d) מחלקים את הלביבות, התותים, הקיווי וסירופ המייפל לתוך מיכלי הכנה לארוחה. יישמר מכוסה במקרר 3 עד 4 ימים. כדי לחמם מחדש, הכניסו למיקרוגל במרווחים של 30 שניות עד לחימום.

5. פודינג קשת ליים צ'יה

רכיבים:

- 1 ¼ כוסות חלב 2%.
- 1 כוס יוגורט יווני רגיל 2%
- ½ כוס זרעי צ'יה
- 2 כפות דבש
- 2 כפות סוכר
- 2 כפיות גרידת ליים
- 2 כפות מיץ ליים סחוט טרי
- 1 כפית תמצית וניל
- 1 כוס תותים ואוכמניות קצוצים
- ½ כוס מנגו חתוך לקוביות וחצי כוס קיווי חתוך לקוביות

הוראות:

a) בקערה גדולה, טורפים יחד את החלב, היוגורט, זרעי הצ'יה, הדבש, הסוכר, גרידת הליים, מיץ הליים, הווניל והמלח עד לקבלת תערובת אחידה.
b) חלקו את התערובת באופן שווה לארבע צנצנות מייסון (16 אונקיות). מכסים ומקררים למשך הלילה, או עד 5 ימים.
c) מגישים קר, בתוספת תותים, מנגו, קיווי ואוכמניות.

6. עוגת גבינה אוכמניות לימון שיבולת שועל

רכיבים:
- ¼ כוס יוגורט יווני ללא שומן
- 2 כפות יוגורט אוכמניות
- ¼ כוס אוכמניות
- 1 כפית גרידת לימון מגוררת
- 1 כפית דבש

הוראות:
a) שלבו את שיבולת השועל והחלב בצנצנת מייסון של 16 אונקיות; למעלה עם תוספות רצויות.
b) מקררים למשך הלילה או עד 3 ימים; להגיש קר.

7. קערת ארוחת בוקר PB-שיבולת שועל

רכיבים:

- ½ כוס שיבולת שועל מגולגלת מיושנת
- קורט מלח כשר
- 2 כפות פטל
- 2 כפות אוכמניות
- 1 כף שקדים קצוצים
- ½ כפית זרעי צ'יה
- 1 בננה, פרוסה דק
- 2 כפיות חמאת בוטנים, מחוממת

הוראות:

a) מערבבים 1 כוס מים, שיבולת שועל ומלח בסיר קטן. מבשלים על אש בינונית, תוך ערבוב מדי פעם, עד שהשיבולת שועל מתרכבת, כ-5 דקות.

b) הוסף את שיבולת השועל למיכל הכנה לארוחה. מעליהם את הפטל, האוכמניות, השקדים, זרעי הצ'יה והבננה, ומטפטפים את חמאת הבוטנים החמימה. נשמר מכוסה במקרר למשך 3 עד 4 ימים.

c) את שיבולת השועל ניתן להגיש קר או לחמם מחדש. מחממים מחדש במיקרוגל במרווחים של 30 שניות עד לחימום.

8. וופל כוח חלבון

רכיבים:

- 6 ביצים גדולות
- 2 כוסות גבינת קוטג'
- 2 כוסות שיבולת שועל מגולגלת מיושנת
- ½ כפית תמצית וניל
- קורט מלח כשר
- 3 כוסות יוגורט רגיל ללא שומן
- 1 ½ כוסות פטל
- 1 ½ כוסות אוכמניות

הוראות:

a) מחממים מגהץ וופל לגובה בינוני. משמנים קלות את החלק העליון והתחתון של המגהץ או מצפים בעזרת ספריי נון-סטיק.

b) מערבבים בבלנדר את הביצים, הקוטג', שיבולת השועל, הווניל והמלח ומערבבים עד לקבלת מרקם חלק.

c) יוצקים מעט חצי כוס מתערובת הביצים לתוך מגהץ הוופלים, סוגרים בעדינות ומבשלים עד להזהבה ופריכה, 4 עד 5 דקות.

d) מניחים את הוופלים, היוגורט, הפטל והאוכמניות לתוך מיכלי הכנה לארוחה.

9. **שייק ברי אסאי**

רכיבים:

להכנה
- 2 (3.88 אונקיות) חבילות מחית אסאי קפואה, מופשרת
- 1 כוס פטל קפוא
- 1 כוס אוכמניות קפואות
- 1 כוס פטל שחור קפוא
- 1 כוס תותים קפואים
- ½ כוס גרעיני רימון

לשרת
- 1½ כוס מיץ רימונים

הוראות:

a) שלבו את האסאי, הפטל, האוכמניות, הפטל שחור, התותים וזרעי הרימון בקערה גדולה. מחלקים את התערובת בין 4 שקיות מקפיא מסוג זיפלוק. מקפיאים עד חודש עד להגשה.

b) מניחים את התוכן של שקית אחת בבלנדר, מוסיפים ⅓ כוס מיץ רימונים בנדיבות ומערבבים עד לקבלת תערובת חלקה. מגישים מיד.

10. **פרנץ' טוסט אוכמניות ללילה**

עושה: 6 עד 8

רכיבים:

- כיכר בגט 1 פרוסה בעובי 1 אינץ'
- 6 ביצים
- 3 ג. חלב
- 1 ג. סוכר חום, ארוז ומחולק
- תמצית וניל לפי הטעם
- אגוז מוסקט לפי הטעם
- ¼ ג. אגוזי פקאן קצוצים
- 2 כוסות אוכמניות
- אופציונלי: סירופ מייפל

הוראות:

a) מסדרים פרוסות באגט בתבנית אפייה בגודל 13"x9" משומנת קלות; לְהַפְרִישׁ.
b) טורפים יחד ביצים, חלב, ¾ כוס סוכר חום, וניל ואגוז מוסקט בקערה גדולה. יוצקים את התערובת באופן שווה על פרוסות הבאגט.
c) מכסים ומצננים למשך הלילה. רגע לפני האפייה, מפזרים מעל את יתרת הסוכר החום, אגוזי הפקאן והאוכמניות.
d) אופים, ללא כיסוי, ב-350 מעלות למשך 50 דקות, או עד להזהבה ומבעבעת. מגישים עם סירופ מייפל, לפי הרצון.

11. וופל אוכמניות טעים

מכינה: 4 וופלים

רכיבים:

- 2 ביצים
- 2 כפות של קמח
- 1¾ כוס חלב
- ½ כוס שמן
- 1 כפית סוכר
- 4 כפיות אבקת אפייה
- ¼ כפית מלח
- ½ כפית תמצית וניל
- 1½ כוסות אוכמניות

הוראות:

a) בקערה גדולה טורפים ביצים במיקסר חשמלי במהירות בינונית עד לקבלת תערובת תפוחה.

b) הוסף את שאר המרכיבים למעט פירות יער; מקציפים רק עד לקבלת מרקם חלק.

c) רססו מגהץ וופל בתרסיס ירקות נון-סטיק. יוצקים את הבלילה בחצי כוס על מגהץ הוופל שחומם מראש. מפזרים את הכמות הרצויה של פירות יער על הבלילה.

d) אופים לפי הוראות היצרן, עד להזהבה.

e) פרנץ' טוסט תפוח ללילה

12. <u>הבל וופלים של אמא</u>

עושה: 4 עד 6

רכיבים:

- 2 כוסות תערובת אפיית ביסקוויטים
- 1-½ כוס שיבולת שועל לבישול מהיר, לא מבושלת
- ¼ ג. נבט חיטה
- ½ כוס אגוזי פקאן או אגוזי מלך קצוצים
- 2 ביצים, טרופים
- ¼ ג. חמאת בוטנים
- ½ כוס יוגורט וניל
- 3-½ כוס חלב דל שומן, מחולק
- 1 ג. אוכמניות
- אופציונלי: ¼ c. מיני שוקולד צ'יפס
- קישוט: סירופ מייפל, ציפוי פירות, קצפת

הוראות:

a) שלבו תערובת אפייה, שיבולת שועל, נבט חיטה ואגוזים בקערה גדולה; לְהַפְרִישׁ. בקערה נפרדת טורפים יחד ביצים, חמאת בוטנים, יוגורט ו-3 כוסות חלב.

b) מוסיפים לחומרים היבשים ומערבבים. הוסף את שארית החלב לפי הצורך כדי לקבל את העקביות של רסק תפוחים. מקפלים פנימה פירות יער ושוקולד צ'יפס, אם רוצים.

c) יוצקים בחצי כוס על מגהץ וופל שחומם מראש שרוסס בספריי ירקות נון-סטיק.

d) אופים עד שהם פריכים, לפי הוראות היצרן.

e) מגישים עם סירופ מייפל או ציפוי פירות וקצת קצפת.

13. **קרפ אוכמניות-לימון**

מכינה: 6 מנות

רכיבים:

- 3 אונקיות חבילה. גבינת שמנת, מרוככת
- 1-½ כוס חצי-חצי
- 1 ט מיץ לימון
- 3-¾ חבילות. אינסטנט פודינג לימון
- ½ כוס תערובת אפיית ביסקוויטים
- 1 ביצה, טרופה
- 6 ט חלב
- 1 ג. מילוי פאי אוכמניות

הוראות:

a) מערבבים גבינת שמנת, חצי-חצי, מיץ לימון ופודינג יבש בקערה. מקציפים במיקסר חשמלי במהירות נמוכה במשך 2 דקות. מקררים למשך 30 דקות.

b) משמנים קלות מחבת בגודל 6 אינץ' ומניחים על אש בינונית-גבוהה. בקערה מערבבים תערובת אפיית ביסקוויט, ביצה וחלב.

c) מקציפים עד לקבלת מרקם חלק. יוצקים 2 כפות מהבלילה למחבת לכל קרפ. מסובבים את המחבת במהירות, אפשר לבלילה לכסות את תחתית המחבת.

d) מבשלים כל קרפ עד להזהבה קלה, ואז הופכים, מבשלים שוב עד להזהבה.

e) כף 2 כפות של תערובת גבינת שמנת על כל קרפ ומגלגלים.

f) משטחים את יתרת תערובת גבינת השמנת ומלית הפאי.

14. **לביבות כוסמת אוכמניות**

מכינה: 4 מנות

רכיבים:

- 1-½ כוס קמח כוסמת
- ½ ט. אבקת אפייה
- ½ ט. אבקת סודה לשתייה
- ¼ ט. מלח
- 1 ג. חוּבצָה
- 2 חלבונים, טרופים
- 1 ביצה, טרופה
- 1 ט דבש
- 1 ט שמן קנולה
- 1 ט. תמצית וניל
- 1 ג. אוכמניות, מופשרות אם קפואות
- קישוט: סירופ מייפל, פירות טריים

הוראות:

a) בקערה מערבבים קמח, אבקת אפייה, סודה לשתייה ומלח.
b) בקערה נפרדת מערבבים יחד חמאה, חלבונים, ביצה, דבש, שמן וניל.
c) מוסיפים את תערובת החמאה לתערובת הקמח; מערבבים היטב.
d) מקפלים בעדינות פנימה אוכמניות.
e) מחממים מחבת משומנת קלות על אש בינונית. מוסיפים את הבלילה ב-¼ כוסות.
f) מבשלים עד להופעת בועות מלמעלה, בערך 1-½ דקות.
g) לפנות; מבשלים את הצד השני עד להזהבה, בערך 1-½ דקות.
h) למעלה עם עוד פירות טריים או סירופ מייפל, לפי הרצון.

15. **פנקייק אוכמניות מושלם**

מכינה: תריסר פנקייקים

רכיבים:
- 1 ג. חלב
- ½ כוס מים
- 1 ג. בתוספת 2 ט' קמח מלא
- ½ כוס קמח תירס
- 1 ט. אבקת אפייה
- ½ ט. אבקת סודה לשתייה
- ¼ ט. מלח
- 1 ג. אוכמניות
- 2 T. שמן, מחולק
- קישוט: ריבה או סירופ

הוראות:
a) מערבבים יחד חלב ומים בקערה קטנה; לְהַפְרִישׁ. מנפים יחד קמח, קמח תירס, אבקת אפייה, סודה לשתייה ומלח בקערה גדולה; לערבב היטב. מערבבים את תערובת החלב רק עד לאיחוד.
b) מקפלים פנימה אוכמניות; לתת לעמוד 5 דקות.
c) מחממים כף שמן במחבת גדולה על אש בינונית. יוצקים ¼ כוס בלילה לכל פנקייק לתוך המחבת; מבשלים עד שהוא מבעבע מלמעלה והשוליים מעט יבשים.
d) הופכים ומבשלים את הצד השני עד להזהבה. חוזרים על הפעולה עם יתרת השמן והבלילה.
e) מגישים חם עם ריבה או סירופ, לפי הרצון.

16. **אוכמניות ספירולינה ללילה שיבולת שועל**

עושה: 1

רכיבים:
- ½ כוס שיבולת שועל
- 1 כף קוקוס מגורר
- ⅛ כפיות קינמון
- ½ כפיות ספירולינה
- ½ כוס חלב צמחי
- 1 ½ כף יוגורט צמחי
- ¼ כוס אוכמניות קפואות
- 1 כפית זרעי קנבוס לא חובה
- 1 קיווי, פרוס

הוראות:
a) בצנצנת או בקערה מוסיפים את שיבולת השועל, הקוקוס המגורר, הקינמון והספירולינה. לאחר מכן מוסיפים את החלב הצמחי והקוקוס או היוגורט הטבעי.
b) מוסיפים מעל את האוכמניות הקפואות והקיווי. מקררים למשך הלילה, או לפחות לשעה או יותר.
c) לפני ההגשה מוסיפים את זרעי ההמפ אם רוצים. תהנה!

17. פודינג פשתן ליים

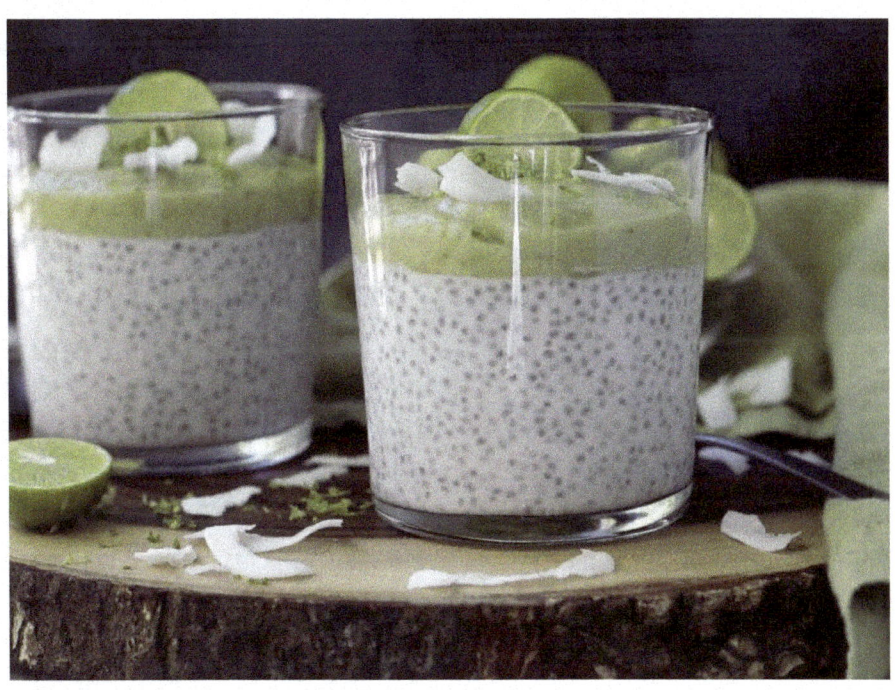

מכינה: מנה אחת

רכיבים:
- 1 ¼ כוסות חלב 2%.
- 1 כוס יוגורט יווני רגיל 2%
- ½ כוס זרעי פשתן
- 2 כפות דבש
- 2 כפות סוכר
- 2 כפיות גרידת ליים
- 2 כפות מיץ ליים סחוט טרי
- 1 כפית תמצית וניל
- 1 כוס תותים ואוכמניות קצוצים
- ½ כוס מנגו חתוך לקוביות וחצי כוס קיווי חתוך לקוביות

הוראות:

d) בקערה גדולה, טורפים יחד את החלב, היוגורט, זרעי הפשתן, הדבש, הסוכר, גרידת הליים, מיץ הליים, הווניל והמלח עד לקבלת תערובת אחידה.

e) מחלקים את התערובת באופן שווה לארבע צנצנות מייסון.

f) מכסים ומכניסים למקרר למשך הלילה, או עד 5 ימים.

g) מגישים קר, בתוספת תותים, מנגו, קיווי ואוכמניות.

18. קערות ארוחת בוקר קוקוס קינואה

עושה: 4

רכיבים:
- 1 כף שמן קוקוס
- 1½ כוסות קינואה אדומה או שחורה, שטופה
- פחית של 14 אונקיות חלב קוקוס קל לא ממותק, ועוד להגשה
- 4 כוסות מים
- מלח ים משובח
- כפות דבש, אגבה או סירופ מייפל
- 2 כפיות תמצית וניל
- יוגורט קוקוס
- אוכמניות
- גוג'י ברי
- גרעיני דלעת קלויים
- פתיתי קוקוס קלויים לא ממותקים

הוראות:

a) מחממים את השמן בסיר על אש בינונית. מוסיפים את הקינואה וצולים כ-2 דקות תוך ערבוב תכוף. מערבבים לאט את פחית חלב הקוקוס, המים וקורט מלח. הקינואה תבעבע ותפרץ בהתחלה אבל תתייצב מהר.

b) מביאים לרתיחה, ואז מכסים, מנמיכים את האש לנמוכה ומבשלים עד שהוא מגיע למרקם רך וקרמי, כ-20 דקות. מסירים מהאש ומערבבים פנימה את הדבש, אגבה, סירופ מייפל והוניל.

c) להגשה מחלקים את הקינואה בין קערות. למעלה עם חלב קוקוס נוסף, יוגורט קוקוס, אוכמניות, גוג'י ברי, זרעי דלעת ופתיתי קוקוס.

19. <u>**סלט ארוחת בוקר אוכמניות**</u>

רכיבים:

סלט:

- 2 פאונד ירקות סלט מעורבים, קרועים
- 4 כוסות אוכמניות טריות
- 4 כוסות חתיכות תפוז טרי
- 2 כוסות גרנולה

רוֹטֶב

- 1 כוס שמן קוקוס
- 1 כוס אוכמניות קפואות, מופשרות
- 1 כף חרדל דיז'ון
- 2 כפות סוכר חום
- 2 כפיות שאלוט טחון
- ¾ כפית מלח כשר
- ½ כפית פלפל גרוס
- ½ כפית פפריקה

הוראות:

a) **עבור ויניגרט:** מוסיפים את כל החומרים לבלנדר או מעבד מזון ומעבדים עד לקבלת תערובת חלקה. מצננים לפחות 30 דקות למיזוג טעמים. מכינה: 2 כוסות.

b) זורקים את כל הירוקים של הסלט עם ויניגרט האוכמניות ומחלקים את הירוקים הלבושים בין שמונה צלחות גדולות.

c) מסדרים מעל כל סלט חתיכות תפוזים ואוכמניות.

d) מפזרים על כל סלט גרנולה ומגישים מיד.

20. **וופלים של לחם תירס אוכמניות**

מכינה: 4 עד 6 מנות

רכיבים:
- 1½ כוס קמח לכל מטרה
- ½ כוס קמח תירס צהוב
- ¼ כוס סוכר מגורען
- ½ כפית מלח כשר
- 1½ כפית אבקת אפייה
- 1¼ כוסות חלב
- 2 ביצים טרופות קלות
- ½ כוס (1 מקל) חמאה ללא מלח, מומסת
- ¾ כוס אוכמניות קפואות, מופשרות

הוראות:

a) מחממים מראש את מגהץ הוופל שלך.

b) בקערת ערבוב גדולה מערבבים את הקמח, קמח התירס, הסוכר, המלח ואבקת האפייה. מערבבים את החומרים היבשים עד לקבלת תערובת אחידה.

c) במרכז החומרים היבשים יוצרים גומה קטנה. מוסיפים פנימה את החלב, הביצים והחמאה המומסת. מערבבים בעזרת מטרפה עד לקבלת תערובת אחידה. לאחר מכן מקפלים את האוכמניות לתוך הבלילה.

d) רססו את מגהץ הוופל בתרסיס בישול נון-סטיק. מניחים 1 עד 1½ כוסות בלילה על המגהץ ומבשלים עד שהחלקים החיצוניים יפים ופריכים. חוזרים על הפעולה עד שאין יותר בלילה. הגישו ותהנו עם התוספות האהובות עליכם.

21. **ביס פנקייק אוכמניות**

רכיבים:

- אוכמניות קפואות - ½ כוס
- קמח קוקוס - ½ כוס
- אבקת אפייה - 1 כפית
- מלח - ½ כפית
- ממתיק סורב - ¼ כוס
- קינמון - ¼ כפית
- תמצית וניל, לא ממותק - ½ כפית
- חמאה, מוזנת בעשב, ללא מלח, מומסת - ¼ כוס
- ביצים, מרעה - 4
- מים - ⅓ כוס

הוראות:

a) כוונו תנור ל-350 מעלות צלזיוס והניחו לחמם מראש עד שהמאפינס מוכנים לאפייה.

b) קורצים את הביצים בקערה, מוסיפים וניל וממתיק, טורפים בעזרת בלנדר טבילה עד לקבלת תערובת אחידה ואז מערבבים פנימה מלח, קינמון, חמאה, אבקת אפייה וקמח עד להטמעה ובלילה חלקה.

c) נותנים לבלילה לשבת 10 דקות או עד להסמכה ואז מערבבים במים עד לאיחוד.

d) קח מגש מיני מאפינס סיליקון של 25 כוסות, משמן את הכוסות בשמן אבוקדו, ואז גורפים באופן שווה את הבלילה המוכנה ומעל מעט אוכמניות, מהדקים בעדינות את פירות היער לתוך הבלילה.

e) מכניסים את מגש המאפינס לתנור ואופים את המאפינס במשך 25 דקות או עד שהם מבושלים היטב והחלק העליון מזהיב יפה.

f) בסיום, מוציאים מאפינס מהמגש ומצננים אותם על הרשת.

g) מניחים מאפינס בשקית מקפיא גדולה או מחלקים באופן שווה בחבילות ומאחסנים במקרר לארבעה ימים או במקפיא עד 3 חודשים.

h) כשמוכנים להגשה, מחממים את המאפינס במיקרוגל למשך 45 שניות עד דקה אחת או עד שהם מתחממים היטב.

22. ארוחת בוקר שקדי קוקוס

רכיבים:
- 2 כפות פפיטה צלויות
- ⅓ כוס חלב קוקוס
- 2 כפות שקדים קצוצים
- 1 כף זרעי צ'יה
- ⅓ כוס מים
- חופן אחד אוכמניות

הוראות:
a) במעבד המזון או הבלנדר שלך, מערבבים את הפפיטות עם השקדים ומקציפים אותם היטב.
b) מסדרים את סיר מיידי על פלטפורמה יבשה במטבח שלכם. פתח את המכסה העליון שלו והפעל אותו.
c) מוסיפים את זרעי הצ'יה עם מים וחלב קוקוס; מערבבים בעדינות כדי לערבב היטב.
d) מוסיפים את תערובת הפפיטה ומערבבים.
e) סגור את המכסה כדי ליצור תא נעול; ודא ששסתום הבטיחות נמצא במצב נעילה.
f) מצא ולחץ על פונקציית הבישול "ידני"; טיימר עד 5 דקות עם מצב לחץ ברירת מחדל "HIGH".
g) אפשר ללחץ להצטבר כדי לבשל את החומרים.
h) לאחר סיום זמן הבישול, לחץ על ההגדרה "CANCEL". מצא ולחץ על פונקציית הבישול "QPR". הגדרה זו מיועדת לשחרור מהיר של לחץ פנימי.
i) מגישים בתוספת של האוכמניות.

23. לביבות בננה-אוכמניות

מכינה: 4 מנות

רכיבים:

- 1 בננה בשלה, מעוכה
- 2 כוסות חלב סויה
- 2 כפות מרגרינה טבעונית, מומסת
- 1 כפית תמצית וניל טהורה
- 11⁄2 כוסות קמח לכל מטרה
- 1⁄2 כוס שיבולת שועל לבישול מהיר
- 2 כפות סוכר
- 0.5 כפיות אבקת אפייה
- 1 כפית קינמון טחון
- 1⁄2 כפית פלפל אנגלי טחון
- 1⁄2 כפית אגוז מוסקט טחון
- 1⁄2 כפית מלח
- 1 כוס אוכמניות טריות
- שמן קנולה או זרעי ענבים, לטיגון

הוראות:

a) בקערה גדולה, מערבבים היטב את הבננה, חלב הסויה, המרגרינה המומסת והוניל. לְהַפְרִישׁ.

b) בקערה גדולה נפרדת מערבבים את הקמח, שיבולת השועל, הסוכר, אבקת האפייה, הקינמון, הפלפל האנגלי, אגוז המוסקט והמלח. מוסיפים את החומרים הרטובים לחומרים היבשים ומערבבים בבמה תנועות מהירות. מקפלים פנימה את האוכמניות. מחממים את התנור ל-225 מעלות צלזיוס.

c) על מחבת פסים או מחבת גדולה מחממים שכבה דקה של שמן על אש בינונית-גבוהה. מצקת 1⁄4 כוס עד 1⁄3 כוס פקקי בלילה על המחבת החמה. מבשלים עד להופעת בועות קטנות בחלק העליון, כ-3 דקות.

d) הופכים את הלביבות ומבשלים עד שהצד השני משחים, בערך 2 עד 3 דקות.

e) מעבירים את הלביבות המבושלות למגש חסין חום ושומרים חמים בתנור תוך כדי בישול השאר.

24. **וופל אוכמניות מנשק לימון**

מכינה: 4 מנות

רכיבים:

- 11/2 כוסות קמח לכל מטרה
- 1/2 כוס שיבולת שועל מיושנת
- 1/4 כוס סוכר
- כפיות אבקת אפייה
- 1/2 כפית מלח
- 1 כפית קינמון טחון
- 2 כוסות חלב סויה
- 1 כף מיץ לימון טרי
- 1 כפית גרידת לימון
- 1/4 כוס מרגרינה טבעונית, מומסת
- 1/2 כוס אוכמניות טריות

הוראות:

a) משמנים קלות את מגהץ הוופל ומחממים אותו מראש. מחממים את התנור ל-225 מעלות צלזיוס.

b) בקערה גדולה מערבבים את הקמח, שיבולת השועל, הסוכר, אבקת האפייה, המלח והקינמון. לְהַפְרִישׁ.

c) בקערה גדולה נפרדת, טורפים יחד את חלב הסויה, מיץ הלימון, גרידת הלימון והמרגרינה. מוסיפים את החומרים הרטובים לחומרים היבשים ומערבבים בכמה פעימות מהירות, תוך ערבוב עד לאיחוד. מקפלים פנימה את האוכמניות.

d) מצקת 1/2 עד 1 כוס מהבלילה (בהתאם להוראות עם מגהץ הוופל שלך) על מגהץ הוופל החם. מבשלים עד שמוכן, 3 עד 5 דקות עבור רוב מגהצי הוופלים. מעבירים את הוופלים המבושלים לצלחת חסינת חום ושומרים על חום בתנור תוך כדי בישול השאר.

25. פרנץ' טוסט אוכמניות שרופה

עושה: 2

רכיבים:
- 8 חתיכות לחם מחיטה מלאה טרי, פרוס
- 5 ביצים גדולות, טרופה
- 44 מ"ל חלב
- 85 גרם סירופ מייפל
- ¼ כפיות מלח ים
- ½ כפיות קינמון טחון
- 125 גרם אוכמניות
- 6 כפות שמן זית
- 8 כדורי חמאה

הוראות:
a) מטפטפים את שמן הזית לתוך מחבת ברזל יצוק גדולה או מגש.
b) מערבבים ביצים, חלב, סירופ מייפל, מלח וקינמון בצלחת ערבוב גדולה.
c) טובלים כל פרוסת לחם ברוטב.
d) מניחים את הלחם בתבנית ומשרים אותו 5-10 דקות בתערובת הביצים.
e) מניחים אוכמניות על גבי הלחם.
f) אופים בחום השיורי של התנור עד שבלילת הביצים נספג פנימה והלחם מזהיב.
g) מוציאים מהתנור ומזלפים סירופ מייפל וחמאה.

26. **גרנולה עם פרחי מאכל**

רכיבים:

- מיץ מחצי לימון
- גרידה מלימון 1
- ¼ כוס סוכר
- 1 חלמון ביצה
- 2 כפות חמאה חתוכה לקטנים
- ¼ כוס יוגורט יווני
- ½ כוס שקדים קלויים
- ½ כוס אוכמניות
- ½ כוס גרנולה
- אמנון, אמנון וציפורנים

הוראות:

a) בסיר מניחים מיץ לימון, גרידת לימון, סוכר וחלמון ביצה.
b) מבשלים תוך כדי ערבוב מתמיד בכף עץ עד שהוא מקבל סמיכות.
c) כשמוכן שמים בצד ומוסיפים את החמאה וחותכים לחתיכות. מערבבים עד שהחמאה נמסה ומניחים לה להתקרר. כשהוא קר מוסיפים יוגורט ומערבבים אותו פנימה.
d) קולים שקדים במחבת עם כפית אחת של שמן.
e) כאשר כל החומרים מוכנים מתחילים לשבב את כל החומרים.
f) מתחילים בגרנולה, ואז מחצית מהאגוזים, תערובת יוגורט-לימון, פירות יער ושאר האגוזים, מכסים בשארית תערובת היוגורט ומקשטים בפרחי מאכל.

חֲטִיפִים

27. **גלגלי שבבי חומוס קשת בענן**

רכיבים:
- 2 כפות חומוס
- 1 (8 אינץ') טורטיית תרד
- ¼ כוס פלפל אדום פרוס דק
- ¼ כוס פלפל צהוב פרוס דק
- ¼ כוס גזר פרוס דק
- ¼ כוס מלפפון פרוס דק
- ¼ כוס בייבי תרד
- ¼ כוס כרוב אדום מגורר
- ¼ כוס נבטי אספסת
- ½ כוס תותים
- ½ כוס אוכמניות

הוראות:

a) מורחים את החומוס על פני הטורטייה בשכבה אחידה, ומשאירים גבול של ¼ אינץ'. מניחים את הפלפלים, הגזר, המלפפון, התרד, הכרוב והנבטים במרכז הטורטייה.

b) מביאים את הקצה התחתון של הטורטייה בחוזקה מעל הירקות, מקפלים פנימה. ממשיכים לגלגל עד שמגיעים לחלק העליון של הטורטייה. חותכים לשישיות.

c) מניחים גלגלונים, תותים ואוכמניות לתוך מיכל הכנה לארוחה. מקררים למשך 3 עד 4 ימים.

28. **מיקס טרייל**

מכינה: כ-2 כוסות

רכיבים:
- 1 כוס (15 גרם) פופקורן מוקפץ
- ¼ כוס (40 גרם) בוטנים קלויים
- ¼ כוס (40 גרם) שקדים קלויים
- ¼ כוס (40 גרם) גרעיני דלעת
- ¼ כוס (35 גרם) אוכמניות מיובשות, ללא תוספת סוכר
- 2 כפות שוקולד צ'יפס מריר (לא חובה)
- קורט קינמון (לא חובה)
- קורט מלח

הוראות:
a) מערבבים את כל החומרים יחד, מתקנים קינמון ומלח לפי הטעם אם רוצים.
b) מאחסנים בכלי אטום.
c) מחזיק עד שבועיים במזווה.

29. **תותים ממולאים נוטלה**

רכיבים:
- 30 תותים טריים פרוסים
- 1 (7 אונקיות) קופסת קצפת
- צנצנת נוטלה של 13 אונקיות
- 30 אוכמניות טריות
- 1 (14.4 אונקיות) חבילה מיני קרקרים גרהם

הוראות:

a) ראשית, חותכים את החלק התחתון של כל תות ויוצרים חור בכל אחד מהם מלמעלה.

b) כעת הכניסו לתוך החור הזה קצפת וממרח אגוזי לוז, ומעליו אוכמניות אחת.

c) מכסים בקרקר גרהם לפני ההגשה.

30. **פיצה טבעונית ענבים וברי**

עושה: 12

רכיבים:

- 1 קרום עוגיות סוכר

מילוי גבינת שמנת

- 8 גרם ממרח בסגנון גבינת שמנת טבעונית
- 1 קופסת חלב קוקוס מלא בשומן, מוצקים מוזלים
- ⅓ כוס אבקת סוכר
- 1 כפית. תמצית וניל

תוספת פירות

- 8 תותים גדולים, פרוסים
- 4 קיווי, קלופים ופרוסים
- ½ כוס אוכמניות
- ½ כוס ענבים חצויים
- ¼ כוס פטל
- 2 כפות סירופ פשוט

הוראות

a) מחממים את התנור ל-350F. מרססים תבנית פיצה בגודל 14 אינץ' בספריי בישול והניחו בצד.

b) מורחים את בצק העוגיות באופן שווה לתוך תבנית הפיצה המוכנה. חוררים כמה חורים בקרום בעזרת מזלג ואופים את הבצק במשך 12-15 דקות, עד שהשוליים מזהיבים והעוגייה נאפית באמצע. מוציאים מהתנור ומכניסים למקרר או למקפיא לצינון.

c) מכינים את מילוי גבינת השמנת. להכנת המילוי, שולפים את המוצקים מחלב הקוקוס לקערה בגודל בינוני. מוסיפים ממרח בסגנון גבינת שמנת טבעונית, סוכר, וניל ומערבבים במיקסר ידני עד לקבלת תערובת חלקה לחלוטין. מקררים עד לשימוש.

d) מרכיבים את הפיצה. לאחר שהעוגייה התקררה, הוסיפו אותה במילוי גבינת השמנת, מורחים אותה אפילו עם מרית אופסט. החזירו את הפיצה למקרר כדי לתת למילוי להתייצב בזמן שאתם מכינים את הפירות.

e) פורסים את התותים והקיווי. חותכים את הענבים לשניים. מעל הפיצה הצוננת פירות יער טריים, מקשטים אותם במעגלים קונצנטריים. מברישים סירופ פשוט על פירות היער כדי לתת להם ברק.

f) מגישים מיד או מחזירים למקרר עד להגשה.

31. **בטטות ממולאות**

עושה: 1

רכיבים:

- 1 כוס מים
- 1 בטטה
- 1 כף סירופ מייפל טהור
- 1 כף חמאת שקדים
- 1 כף אגוזי פקאן קצוצים
- 2 כפות אוכמניות
- 1 כפית זרעי צ'יה
- 1 כפית משחת קארי

הוראות:

a) לסיר האינסטנט שלך, הוסף כוס אחת של מים ואת מתלה ספינת הקיטור.

b) סוגרים את המכסה ומניחים את הבטטה על המדף, מוודאים שסתום השחרור נמצא במצב הנכון.

c) מחממים את הסיר המיידי ללחץ גבוה למשך 15 דקות על ידני. יעברו כמה דקות עד שהלחץ יצטבר.

d) לאחר ביבוי הטיימר, הניחו ללחץ לרדת באופן טבעי למשך 10 דקות. כדי לפרוק את כל הלחץ שנותר, סובב את שסתום השחרור.

e) לאחר שסתום הציפה נפל, הסר את הבטטה על ידי פתיחת המכסה.

f) כשהבטטה התקררה מספיק כדי להתמודד, חותכים אותה לשניים ומועכים את הבשר עם מזלג.

g) מעל אגוזי פקאן, אוכמניות וזרעי צ'יה, ואז מטפטפים סירופ מייפל וחמאת שקדים.

32. סקונס אוכמניות-לימון

עושה: 6

רכיבים:

- 2 כפות של קמח
- 1 כף אבקת אפייה
- 2 כפיות סוכר
- 1 כפית מלח כשר
- 2 אונקיות שמן קוקוס מזוקק
- 1 כוס אוכמניות טריות
- ¼ גרם גרידת לימון
- 8 אונקיות חלב קוקוס

הוראות:

a) מערבבים שמן קוקוס עם מלח, סוכר, אבקת אפייה וקמח במעבד מזון.
b) מעבירים את תערובת הקמח הזו לקערת ערבוב.
c) בעת מוסיפים חלב קוקוס וגרידת לימון לתערובת הקמח, ואז מערבבים היטב.
d) מקפלים פנימה אוכמניות ומערבבים היטב את הבצק המוכן עד לקבלת תערובת חלקה.
e) מורחים את בצק האוכמניות הזה לעיגול בגודל 7 אינץ' ומניחים אותו בתבנית.
f) מקררים את בצק האוכמניות למשך 15 דקות, ואז פורסים אותו ל-6 טריזים.
g) שכבו את צלחת החריכה עם יריעת פרגמנט.
h) מניחים את פרוסות האוכמניות בצלחת הצרוב המרופדת.
i) העבירו את הסקונס לתנור אייר פרייר וסגרו את הדלת.
j) בחר במצב "אפייה" על ידי סיבוב החוגה.
k) לחץ על הלחצן TIME/SLICES ושנה את הערך ל-25 דקות.
l) לחץ על לחצן TEMP/SHADE ושנה את הערך ל-400 מעלות צלזיוס.
m) לחץ על Start/Stop כדי להתחיל בבישול.
n) מגישים טרי.

33. **מאפינס אוכמניות**

עושה: 6

רכיבים:

- 1 ביצה, טרופה
- 1 בננה בשלה, קלופה ומעוכה
- ¼ כוסות קמח שקדים
- 2 כפות סוכר מגורען
- ½ כפית אבקת אפייה
- 1 כף שמן קוקוס, מומס
- ⅛ כוס סירופ מייפל
- 1 כפית חומץ תפוחים
- 1 כפית תמצית וניל
- 1 כפית גרידת לימון, מגוררת
- קורט קינמון טחון
- ½ כוס אוכמניות טריות

הוראות:

a) בקערה גדולה מוסיפים את כל המרכיבים פרט לאוכמניות ומערבבים עד לקבלת תערובת אחידה.
b) מקפלים פנימה בעדינות את האוכמניות.
c) משמנים תבנית מאפינס של 6 כוסות.
d) מניחים את התערובת לתוך כוסות מאפינס מוכנות בערך ¾ מלאים.
e) לחץ על לחצן AIR OVEN MODE של תנור אייר פרייר וסובב את החוגה כדי לבחור במצב "אפייה".
f) לחץ על לחצן TIME/SLICES ושוב סובב את החוגה כדי להגדיר את זמן הבישול ל-12 דקות.
g) כעת לחץ על לחצן TEMP/SHADE וסובב את החוגה כדי להגדיר את הטמפרטורה ל-375 מעלות פרנהייט.
h) לחץ על כפתור "התחל/עצור" כדי להתחיל.
i) כאשר היחידה מצפצפת כדי להראות שהיא מחוממת מראש, פתח את דלת התנור.
j) מסדרים את תבנית המאפינס מעל הרשת ומכניסים לתנור.
k) עם סיום זמן הבישול, פותחים את דלת התנור ומניחים את תבניות המאפינס על רשת לצינון כ-10 דקות.
l) הופכים בזהירות את המאפינס על הרשת להתקררות מלאה לפני ההגשה.

34. **פצצות שומן אוכמניות**

עושה: 6

רכיבים:

- 5 כפות חמאה
- 3 כפות שמן קוקוס
- 2 כפות סירופ אוכמניות ללא סוכר
- 2 כפות אבקת קקאו

הוראות:

a) מבשלים את כל החומרים בסיר על אש נמוכה, תוך ערבוב מתמיד, עד שהכל מתערבב כמו שצריך. יוצקים את התערובת לתבניות סיליקון ומכניסים למקפיא ל-3 שעות לפחות.

b) לְשָׁרֵת.

35. <u>**קל שוקו אוכמניות פצצות שומן**</u>

עושה: 48-50

רכיבים:

עבור הבצק

- 2 כוסות (500 גרם) קמח לכל מטרה
- 1 כוס חלב צמחי חם
- 1 כפית מלח

למילוי האוכמניות

- 2 כוסות אוכמניות / אוכמניות
- 1 כף קמח לכל מטרה

ציפוי

- שמנת מתוקה, 12% או 18%
- קורט אבקת אבקת סוכר, לפזר

הוראות:

עבור הבצק

a) מנפים את הקמח וחורצים חור במרכז כיפת הקמח. יוצקים כמות קטנה של חלב צמחי חם לתערובת ומערבבים אותה פנימה. ללוש במהירות, להוסיף חלב צמחי לפי הצורך כדי להשיג בצק רך ואלסטי.

b) מפרידים את הבצק למספר חתיכות. על משטח מקומח מרדדים את החלק הראשון של הבצק.

c) מרדדים את הבצק בעזרת המערוך לעלה דק. השתמשו בכוס או בחותך עיגולים כדי לחתוך את הבצק.

למילוי האוכמניות

d) שוטפים אוכמניות טריות תחת מים זורמים קרירים.

e) מוציאים פירות יער קפואים מהמקפיא ממש לפני הכנת פירוג'י (כיסונים קל יותר להרכיב עם פירות קפואים)

f) מייבשים על נייר סופג, מורחים על מגש ומפדרים ב-1 כף קמח.

g) במרכז כל עיגול בצק מניחים כפית אחת של אוכמניות. מקפלים את הבצק על המילוי ומצמצמים את השוליים. ממשיכים עד שהבצק והאוכמניות נעלמים.

מסיים

h) מביאים לרתיחה מים מומלחים בסיר. מנמיכים את האש לרמה נמוכה ושומרים אותו שם.

i) מוסיפים את הכיסונים ומבשלים 5-6 דקות, או עד שהם צפים.

j) מכינים בינתיים שמנת מתוקה. שמים מעט שמנת באגן ערבוב, מוסיפים מעט אבקת סוכר ומערבבים הכל יחד. קח ביס ותראה אם זה מתוק מספיק. אם הוא לא מספיק מתוק, הוסף עוד סוכר ונסה שוב.

k) בעזרת כף מחוררת מוציאים את הפיירוגי מהסיר. מגישים לצלחות עם כף שמנת מתוקה מעל.

36. אוכמניות פיירוגי

עושה: 12

רכיבים:
- 5 כפות. חמאה
- 3 כפות. שמן קוקוס
- 2 כפות. סירופ אוכמניות ללא סוכר
- 2 כפות. אבקת קקאו

הוראות:
a) מבשלים את כל החומרים בסיר על אש נמוכה עד שהכל מתערבב כהלכה.
b) יוצקים את התערובת לתבנית סיליקון ומכניסים למקפיא ל-3 שעות לפחות.

37. **עוגיות אוכמניות ושמנת**

מייצר: 12 עד 17 עוגיות

רכיבים:
- 225 גרם חמאה בטמפרטורת החדר [16 כפות (2 מקלות)]
- 150 גרם סוכר מגורען [¾ כוס]
- 150 גרם סוכר חום בהיר [¼ כוס ארוז היטב]
- 100 גרם גלוקוז [¼ כוס]
- 2 ביצים
- 320 גרם קמח [2 כוסות]
- 2 גרם אבקת אפייה [חצי כפית]
- 1.5 גרם סודה לשתייה [¼ כפית]
- 6 גרם מלח כשר [חצי כפית]
- ½ מנה פירור חלב
- 130 גרם אוכמניות מיובשות [¾ כוס]

הוראות:

a) מערבבים את החמאה, הסוכרים והגלוקוז בקערה של מיקסר עמיד עם חיבור ההנעה וקרם על בינוני-גבוה למשך 2 עד 3 דקות. מגרדים את דפנות הקערה, מוסיפים את הביצים ומקציפים במשך 7 עד 8 דקות.

b) מנמיכים את מהירות המיקסר לנמוכה ומוסיפים את הקמח, אבקת האפייה, הסודה לשתייה והמלח. מערבבים רק עד שהבצק מתאחד, לא יותר מדקה. (אל תתרחקו מהמכונה במהלך שלב זה, אחרת תסתכנו בערבוב יתר של הבצק.) גרדו את דפנות הקערה עם מרית.

c) עדיין במהירות נמוכה, מוסיפים את פירורי החלב ומערבבים עד שהם נטמעים, לא יותר מ-30 שניות. רודפים אחרי פירורי החלב עם האוכמניות המיובשות, מערבבים אותם פנימה במשך 30 שניות.

d) בעזרת כף גלידה של 2¾ אונקיה (או מידה של ⅓ כוס), חלקו את הבצק על תבנית מרופדת בנייר קלף. טפחו את החלק העליון של כיפות בצק העוגיות שטוחות. עוטפים את תבנית הסדין היטב בניילון נצמד ומניחים במקרר למשך שעה לפחות, או עד שבוע. אל תאפה את העוגיות שלך בטמפרטורת החדר - הן לא ייאפו כמו שצריך.

e) מחממים את התנור ל-350 מעלות צלזיוס.

f) מסדרים את הבצק המצונן במרחק של מינימום 4 סנטימטרים זה מזה על תבניות מרופדות בנייר קלף או סילפט. אופים במשך 18 דקות. העוגיות יתפחו, יתפצצו ויתפשטו. לאחר 18 דקות, הם אמורים להיות שחומים מעט מאוד בקצוות אך עדיין צהובים בוהקים במרכז; תן להם דקה נוספת בערך אם זה לא המקרה.

g) מצננים את העוגיות לחלוטין על תבניות התבנית לפני ההעברה לצלחת או לכלי אטום לאחסון. בטמפ' החדר, העוגיות יישמרו טריות למשך 5 ימים; במקפיא, הם נשמרים למשך חודש.

38. לביבות אוכמניות/תירס

מכינה: 6 מנות

רכיבים:

- ⅔ כוס קמח
- ⅓ כוס עמילן תירס
- 2 כפות סוכר
- 1 כפית אבקת אפייה
- ½ כפית מלח
- ¼ כף אגוז מוסקט, טחון
- ⅓ כוס חלב
- 2 ביצה, מופרד
- שמן צמחי
- 1½ כוס אוכמניות
- סוכר ודבש של קונדיטור

הוראות:

a) בקערה בינונית, מערבבים יחד קמח, עמילן תירס, סוכר, אבקת אפייה, מלח ואגוז מוסקט.

b) בבוס מדידה של 2 כוסות, מערבבים יחד חלב, חלמונים ושמן. יוצקים לתערובת הקמח. מערבבים היטב. הבלילה תהיה נוקשה. מערבבים פנימה אוכמניות. לְהַפְרִישׁ.

c) בקערה קטנה עם מיקסר על גבוה, מקציפים חלבונים עד שנוצרים פסגות נוקשות. בעזרת מרית גומי, מקפלים בעדינות מחצית מהחלבונים הטרופים לבלילה עד לקבלת תערובת אחידה. לאחר מכן מקפלים את יתרת החלבונים הטרופים לבלילה,

d) מוסיפים בזהירות את בלילת הלביבות בכף, כמה בכל פעם, לשמן חם. מטגנים 3-4 דקות, הופכים פעם אחת, או עד שהלביבות מזהיבות.

39. אוכמניות פירוריות

רכיבים:

- 1½ כוסות סוכר
- 3 כוסות קמח לכל מטרה לא מולבן
- 1 כפית אבקת אפייה
- ¼ כפית מלח
- קליפת לימון אחד
- ביצה 1 גדולה
- 8 אונקיות חמאה קרה ללא מלח, חתוכה לרבעים
- 4 כפיות עמילן תירס
- 1 ליטר אוכמניות

הוראות:

a) מחממים את התנור ל-375°F ומחממים תבנית בגודל 13x9 אינץ'.

b) בקערה גדולה מערבבים 1 כוס סוכר עם הקמח ואבקת האפייה. מוסיפים את המלח ואת גרידת הלימון.

c) לאחר מכן מוסיפים את הביצה והחמאה ליצירת בצק פירורי. זה היה מאוד קשה לערבב עם הכפית שלי (דב המליץ על מזלג - מי יודע למה לא הקשבתי), הפך לי יותר קשה כי לא היה לי המון מקום לחריץ בקערה שלי. קצת יותר קל לנהל את החמאה אם היא מתרככת מעט, אם כי הבצק הופך למדבקה קטנה בדרך זו.

d) מהדקים מחצית מהבצק לשכבה אחידה בתבניות.

e) בקערה נפרדת מערבבים את חצי כוס הסוכר הנותרת, עמילן תירס ומיץ מלימון אחד.

f) מקפלים את האוכמניות לתוך תערובת עמילן התירס. (דב אמרה בפוסט שלה שאוכמניות קפואות עובדות באותה מידה).

g) מורחים את האוכמניות המכוסות עמילן תירס בשכבה אחידה בתבנית.

h) מפוררים את הבצק הנותר על החלק העליון של האוכמניות.

i) אופים אותם במשך 45 דקות, עד שהחלק העליון משחים. תנו לקראמבל להתקרר לחלוטין לפני שחותכים אותו לחתיכות.

40. **עוגיות לימון ואוכמניות**

רכיבים:

- 1⅓ כוסות תערובת קמח רגילה ללא גלוטן
- 2 כפות שקדים טחונים
- ⅔ כוס סוכר
- 1½ כפית אבקת אפייה ללא גלוטן
- ⅛ כפית ביקרבונט סודה
- ½ כפית Xanthan Gum
- 4 כפות ממרח חמניות חמאתי
- 1 ביצת חופש
- ½ כוס חלב חמאה
- ½ כוס חלב רזה למחצה (2% מופחת שומן).
- 1 לימון, גרידה ומיץ, מחולקים
- ¾ כוס אוכמניות טריות או מופשרות, קפואות
- ⅛ כפית מלח ים
- 1 כוס אבקת סוכר

הוראות:

a) מחממים את התנור ל-350F. מרפדים 2 תבניות מאפינס ב-12 עטיפות קאפקייקס.

b) בסיר קטן ממיסים את ממרח החמאה, ומניחים להתקרר מעט. בקנקן טורפים יחד את הביצה, החמאה, החלב, הקליפה המגוררת דק מהלימון והממרח המומס.

c) אם משתמשים באוכמניות קפואות מופשרות, יבשו היטב על נייר מטבח.

d) הניחו 12 בצד לקישוט העוגות המוגמרות ואז הכניסו את השארית לקערה קטנה וזרקו עם 1 כף קמח.

e) במעמד או במערבל מזון ידני, שלבו את הקמח, השקדים הטחונים, הסוכר, אבקת האפייה, הסודה, הקסנטן גאם והמלח.

f) יוצרים גומה במרכז התערובת היבשה ויוצקים פנימה את תערובת החמאה/ביצים. מערבבים יחד במהירות נמוכה עד לקבלת תערובת אחידה.

g) מוסיפים את האוכמניות ומערבבים שוב במהירות נמוכה עד לאיחוד. מזלפים את הבלילה לתוך עטיפות עוגה מוכנות.

h) אופים 15-20 דקות או עד שהקאפקייקס חוזרים כשנוגעים בהם קלות במרכזם.

i) מוציאים מהתנור ומעבירים לצינון על רשתות.

j) מיץ את הלימון. הכניסו את אבקת הסוכר לקנקן והוסיפו כמות מספקת של מיץ לימון כדי להרגיע לעקביות סמיכה דמוית שמנת.

k) השתמשו בכפית כדי למרוח על הקאפקייקס ולקשט באוכמניות השמורה.

41. **חטיף פירות עם אזוב ים**

מכינה: 12 מנות

רכיבים:
- 4 כוסות אוכמניות טריות
- 2 כפות זרעי צ'יה, טחונים
- 1 כפית קינמון
- 1 כפית ממרח תמרים
- 1 כפית מיץ לימון
- 1 כף תמצית וניל
- ½ כוס ג'ל אזוב ים

הוראות:
a) במטחנת תבלינים טוחנים את זרעי הצ'יה לאבקה.
b) בבלנדר בעל עוצמה גבוהה מערבבים את כל המרכיבים עד לקבלת מרקם חלק. מניחים בצד ל-10 דקות כדי לאפשר לזרעי הצ'יה להסמיך את המחית.
c) מורחים את התערובת דק מאוד עבור המייבש או תנור נמוך מאוד ומייבשים כ-16 שעות, תוך הפוך את העטיפה באמצע הדרך.
d) חותכים לפי טעמכם, מגלגלים בנייר שעווה כמוצג.

מנה עיקרית

42. **מרק תותים/אוכמניות**

עושה: 4

רכיבים:
- 1 קילו תותים טריים או אוכמניות, מנוקים היטב
- 1 ¼ כוסות מים
- 3 כפות ממתיק מגורען טבעוני
- 1 כף מיץ לימון טרי
- ½ כוס קרם קפה סויה או אורז
- אופציונלי: 2 כוסות אטריות מבושלות ומקוררות

הוראות:

a) בסיר בינוני מערבבים את הפירות עם המים ומחממים לרתיחה מהירה.

b) מנמיכים את האש לנמוכה, מכסים ומבשלים במשך 20 דקות, או עד שהפרי רך מאוד.

c) מערבבים בבלנדר עד לקבלת מרקם חלק. מחזירים את הפירה לסיר ומערבבים פנימה את הסוכר, מיץ הלימון והקרם. נותנים לרתיחה של 5 דקות לאחר ערבוב.

d) לפני ההגשה מצננים את המרק למשך שעתיים לפחות.

מרק זה מוגש באופן מסורתי בפני עצמו או עם אטריות קרות.

43. ריזוטו אוכמניות עם בולטוס

מכינה: 4 מנות

רכיבים:

- 8¾ אונקיה בולטוס טרי, פרוס
- 1 בצל קטן; קצוץ דק
- ¾ גרם חמאה
- 5 אונקיות אורז ריזוטו; לא מלוטש
- 5½ גרם אוכמניות
- ¼ כוס יין לבן; יָבֵשׁ
- 1¾ כוס בויון
- ¼ כוס שמן זית
- 1 ענף טימין
- 1 שן שום; מְרוּסָק
- 2 אונקיות חמאה

הוראות:

a) בסיר מחממים את החמאה ומטגנים את הבצל. מערבבים פנימה את האורז והאוכמניות, מקפיצים קצרות.

b) מרטיבים ביין, מבשלים עד לספיגה; מרטיבים עם חמין ומבשלים עד לריכוך.

c) מערבבים ברציפות, אם צריך, מוסיפים מעט חמין. מתבלים במלח ופלפל.

d) במחבת מחממים את השמן, מקפיצים פטריות, שום ותימין. מערבבים את החמאה לתוך הריזוטו.

e) מעבירים לצלחות חמות ומקשטים בפטריות.

44. תבשיל חזירי בר עם אוכמניות

רכיבים:
- חזיר בר במשקל 1 קילו (חתוך לקוביות, כתף או רגל)
- 1 ½ כפיות שמן צמחי
- 1 בצל (חתוך דק)
- 2 גזרים
- 1 תפוז (אורגני)
- 1 שן שום
- 1 ציפורן
- 1 מקל קינמון
- 4 גרגרי ערער
- 2 קורטים אגוז מוסקט
- 2 עלי דפנה
- 2 כפות קוניאק
- יין אדום (1 ליטר.)
- 4 כפות ציר בקר
- 2 כפות ריבת אוכמניות
- 200 גרם אוכמניות טריות
- 2 כפות קמח (לא חובה)
- ציר עוף

הוראות:

a) משחימים את קוביות הבשר במחבת עם השמן, ואז מסירים את הבשר ומניחים בצד.

b) באותה מחבת מטגנים את הבצל (פרוס דק) והגזר.

c) מוסיפים את גרידת התפוז, השום הכתוש, השיניים, מקל הקינמון וגרגרי הערער, ואז מתבלים במלח ופלפל, מפזרים אגוז מוסקט ומוסיפים את זר הגרני.

d) מחזירים את הבשר לסיר ומוסיפים את הברנדי, אם רוצים מלהבים אותו.

45. **פיצה תפוחי אדמה, בצל וצ'אטני**

רכיבים:

- קמח לכל מטרה לאבק את קליפת הפיצה
- 1 בצק ביתי
- 12 אונקיות תפוחי אדמה רותחים, כגון סנדלרים איריים, קלופים
- 6 כפות צ'אטני אוכמניות
- צ'אטני
- 6 אונקיות מונטריי ג'ק, מגורר
- 3 כפות שמיר טחון
- 1 בצל מתוק גדול, כמו וידליה

הוראות:

a) בצק טרי על אבן פיצה. מפזרים קלות קליפת פיצה בקמח. מוסיפים את הבצק ויוצרים ממנו עיגול גדול על ידי גומה בקצות האצבעות. הרימו אותו, החזיקו את הקצה שלו, וסובבו אותו באיטיות, תוך למתוח אותו כל הזמן, עד שהוא בקוטר של כ-14 אינץ'. מניחים את הבצק המקומח כלפי מטה על הקליפה.

b) בצק טרי על מגש פיצה. משמנים את המגש או תבנית האפייה בתרסיס טפלון. הניחו את הבצק במרכז אחת הגומות של הבצק בקצות האצבעות עד שיהיה עיגול עבה ומשוטח - ואז משוך ולחץ על הבצק עד שהוא יוצר עיגול בגודל 14 אינץ' על המגש או מלבן לא סדיר בגודל 12 × 7 אינץ' על הבצק. תבנית אפייה.

c) קרום אפוי. מניחים אותו על קליפת פיצה אם משתמשים באבן פיצה - או מניחים את הקרום האפוי על מגש פיצה. בזמן שהתנור או הגריל מתחממים, מביאים לרתיחה מים בגודל 1 אינץ' בסיר גדול עם ספינת אידוי ירקות. מוסיפים את תפוחי האדמה, מכסים, מנמיכים את האש לבינונית ומאדים עד שהם רכים כאשר מחוררים אותם במזלג, כ-10 דקות. מעבירים למסננת המונחת בכיור ומצננים 5 דקות, ואז פורסים לעיגולים דקים מאוד.

d) מורחים את הצ'אטני באופן שווה על הקרום המוכן, ומשאירים בקצה גבול של כ-1⁄2 אינץ'. למעלה באופן שווה עם מונטריי ג'ק המגורר. מסדרים את פרוסות תפוחי האדמה בצורה אחידה ודקורטיבית מעל הפאי, ואז מפזרים את השמיר. פורסים את הבצל לשניים דרך הגבעול שלו. הנח אותו עם הצד החתוך כלפי מטה על קרש החיתוך שלך והשתמש בסכין חדה מאוד כדי ליצור פרוסות דקות נייר. הפרידו את הפרוסות הללו לרצועות האישיות והניחו אותן על הפאי.

e) החלק את הפשטידה מהקליפה לאבן החמה מאוד, הקפד לשמור את הטופינגים במקומם או הנח את הפשטידה על המגש או תבנית האפייה שלה בתנור או על החלק של הגריל שלא נמצא ישירות מעל האש. מָקוֹר.

f) אופים או צולים עם מכסה סגור עד שהקרום משחים קלות בקצהו, שחום אפילו יותר כהה בצד התחתון, 16 עד 18 דקות. אם עולות בועות אוויר בקצה או באמצע הבצק הטרי, מקפיצים אותן עם מזלג כדי ליצור קרום אחיד.

g) מחליקים את הקליפה בחזרה מתחת לפשטידה החמה על האבן או מעבירים את הפאי על המגש או תבנית האפייה לרשת. מניחים בצד לצינון של 5 דקות לפני שפורסים ומגישים.

46. **סלט אוכמניות, מנדרינה, גזר ואורוגולה בצנצנת**

עושה: 2

רכיבים:
- ½ כוס אוכמניות
- 2 מנדרינות, קלופות ומפולחות
- ½ כוס גזר ז'וליאן
- 1 כוס ארוגולה

הלבשה:
- 1 כף שמן זית
- 1 כף מיץ לימון טרי וקורט מלח ים

הוראות:

a) שים את החומרים בסדר הזה: רוטב, גזר, אוכמניות, חתיכות מנדרינה וארוגולה.

47. <u>סלט עוף, אוכמניות ואבוקדו</u>

עושה: 2

רכיבים:
- 1 כוס עוף בגריל קוביות
- ½ כוס תותים
- ½ כוס אוכמניות
- 1 כוס תרד
- ½ אבוקדו

הלבשה:
- 1 כףזיתשמן
- 1 כף מיץ לימון טרי
- קורט פלפל שחור
- קורט מלח ים
- 1 כףקַנָבוֹסזרעים

הוראות:
a) שים את המצרכים בסדר הזה: רוטב, עוף, תותים, אוכמניות, אבוקדו ותרד.

48. <u>סלט עוף, אוכמניות, ריקוטה ותותים</u>

עושה: 2

רכיבים:

- 1 כוס עוף בגריל
- ½ כוס תותים
- 1 כוס חסה
- ½ כוס אוכמניות
- ½ כוס ריקוטה פרוסה

הלבשה:

- 1 כףזיתשמן אואבוקדושמן
- 1 כף מיץ לימון טרי
- קורט פלפל שחור
- קורט מלח ים

הוראות:

a) מערבבים את כל החומרים מלבד החסה ומגישים על מצע החסה.

49. סלט קינואה, אפונה ירוקה, אספרגוס וצנון

עושה: 2

רכיבים:

- 1 כוס מבושלקינואה
- ½ כוס צנון קצוץ
- ½ כוס אוכמניות
- 1 כוס אפונה ירוקה מעורבבת עםצ'יהזרעים
- ½ כוס אספרגוס

הלבשה:

- 1 כףזיתשמן או שחורכמוןשמן
- 1 כף מיץ לימון טרי
- קורט פלפל שחור
- קורט מלח ים

הוראות:

a) מערבבים את כל החומרים.

50. סלט קינואה, תרד, אוכמניות ותותים

עושה: 2

רכיבים:
- 1 כוס מבושלקינואהמעורבב עם 1 כף טחונהפִּשׁתָןזרעים
- ½ כוס תותים
- ½ כוס אוכמניות
- 1 כוס תרד
- ½ גזר קצוץ

הלבשה:
- 1 כףזיתשמן
- 1 כף מיץ לימון טרי
- קורט פלפל שחור
- קורט מלח ים
- קורט זרעי כמון שחור

הוראות:
a) מערבבים את כל החומרים.

51. <u>**סלט קינואה ברי**</u>

רכיבים:

חבילת דבש הדרים:
- 1 כפית גרידת תפוז
- 4 כפות מיץ תפוזים טרי
- 2 כפות מיץ לימון טרי
- 1 כף מיץ ליים טרי
- 1 כף דבש
- 1 כפית נענע קצוצה דק
- 1 כפית בזיליקום קצוץ דק

סלט:
- 2 כוסות קינואה אדומה מבושלת
- 1 ½ כוסות תותים חתוכים לשניים
- 1 כוס פטל
- 1 כוס פטל שחור
- 1 כוס אוכמניות
- 1 כוס שקדי קינמון קלויים דבש קצוצים
- 1 כף נענע קצוצה דק
- 1 כף בזיליקום קצוץ דק

הוראות:

a) **עבור ההלבשה:** בקערה קטנה, טורפים את גרידת התפוז, מיץ התפוזים, מיץ הלימון, מיץ הליים, הדבש, הנענע והבזיליקום. לְהַפְרִישׁ.

b) בקערה גדולה שלבו קינואה מבושלת, תותים, פטל, פטל שחור, אוכמניות, שקדים, נענע ובזיליקום.

c) מטפטפים רוטב על הסלט ומערבבים בעדינות שוב. לְשָׁרֵת.

52. סלט עוף, אוכמניות ואבוקדו

עושה: 2

רכיבים:

- 1 כוס עוף בגריל קוביות
- ½ כוס תותים
- ½ כוס אוכמניות
- 1 כוס תרד
- ½ אבוקדו

הלבשה:

- 1 כףזיתשמן
- 1 כף מיץ לימון טרי
- קורט פלפל שחור
- קורט מלח ים
- 1 כףקַנָבוֹסזרעים

הוראות:

a) שים את המצרכים בסדר הזה: רוטב, עוף, תותים, אוכמניות, אבוקדו ותרד.

קינוח

53. **פריך אוכמניות ואפרסק**

עושה: 8

רכיבים:
- 6 כוסות אפרסקים טריים, קלופים ופרוסים
- 2 כוסות אוכמניות טריות
- ⅓ כוס פלוס ¼ כוס סוכר חום בהיר (לשמור בנפרד)
- 2 כפות קמח שקדים
- 2 כפיות קינמון, מחולק
- 1 כוס שיבולת שועל לבישול מהיר
- 3 כפות מרגרינה שמן תירס

הוראות:
a) מחממים את התנור ל-350 מעלות פרנהייט.
b) מערבבים אוכמניות ואפרסקים בתבנית אפייה.
c) שלבו ⅓ כוס סוכר חום, קמח וכפית קינמון.
d) לזרוק פנימה את האפרסקים והאוכמניות לאיחוד.
e) מערבבים את שיבולת השועל, את יתרת הסוכר החום ואת הקינמון הנותר.
f) חותכים במרגרינה עד לקבלת פירורים, ואז מפזרים על הפירות.
g) אופים במשך 25 דקות.

54. עוגת לימון אוכמניות

עושה: 4

רכיבים:
לעוגה:
- ⅔ כוס קמח שקדים
- 5 ביצים
- ⅓ כוס חלב שקדים, לא ממותק
- ¼ כוס אריתריטול
- 2 כפיות תמצית וניל
- מיץ מ-2 לימונים
- 1 כפית גרידת לימון
- ½ כפית סודה לשתייה
- קורט מלח
- ½ כוס אוכמניות טריות (½ רזה)
- 2 כפות חמאה, מומסת

עבור הציפוי:
- ½ כוס שמנת כבדה
- מיץ מלימון 1
- ⅛ כוס אריתריטול

הוראות:

a) מחממים את התנור ל-350F

b) מוסיפים לקערה את קמח השקדים, הביצים וחלב השקדים ומערבבים היטב עד לקבלת תערובת אחידה.

c) מוסיפים את האריתריטול, קורט מלח, סודה לשתייה, גרידת לימון, מיץ לימון ותמצית וניל. מערבבים ומערבבים היטב.

d) מקפלים פנימה את האוכמניות.

e) השתמש בחמאה כדי לשמן את התבנית הקפיצית.

f) יוצקים את הבלילה לתבניות המשומנות. לשים על תבנית אפייה לאפייה אחידה. מכניסים לתנור לאפייה עד שהם מוכנים באמצע ומשחימים מעט בחלק העליון, כ-35 עד 40 דקות.

g) מצננים לפני שמוציאים מהתבנית. מערבבים את האריתריטול, מיץ הלימון והשמנת הכבדה. מערבבים היטב.

h) יוצקים מלמעלה ציפוי. לְשָׁרֵת.

55. אוכמניות לבנדר חמוציות פריכות

עושה: 6-8

רכיבים:
- 3 כוסות אוכמניות
- 1 כוס חמוציות
- ½ כפית פרחי לבנדר טריים
- ¾ כוס סוכר
- 1-½ כוסות קרקרים גרהם משיבולת שועל מרוסקים
- ½ כוס סוכר חום
- ½ כוס חמאה מומסת
- ½ כוס שקדים פרוסים

הוראות:
a) מחממים תנור ל-350 מעלות F.
b) שלבו אוכמניות, חמוציות, פרחי לבנדר וסוכר.
c) מערבבים היטב ויוצקים לתבנית אפייה בגודל 8X8 אינץ'.
d) מערבבים קרקרים מרוסקים, סוכר חום, חמאה מומסת ושקדים פרוסים.
e) מפוררים את החלק העליון של המילוי.
f) אופים 20 עד 25 דקות, עד שהמילוי מבעבע.
g) מצננים לפחות 15 דקות לפני ההגשה.

56. עוגות יד אוכמניות

עושה: 8

רכיבים:
- 1 כוס אוכמניות
- 2½ כפות סוכר דק
- 1 כפית מיץ לימון
- 1 קורט מלח
- 320 גרם בצק פאי בקירור
- מים

הוראות:
a) מערבבים את האוכמניות, הסוכר, מיץ הלימון והמלח בקערת ערבוב בינונית.
b) מרדדים את החתיכות וקורצים 6-8 עיגולים נפרדים.
c) במרכז כל עיגול, מניחים בערך כף אחת ממלית האוכמניות.
d) מרטיבים את שולי הבצק ומקפלים אותו על המלית ליצירת צורת חצי ירח.
e) קורצים בעדינות את קצוות הפאיקל בעזרת מזלג. לאחר מכן, על החלק העליון של פשטידות הידיים, חתכו שלושה חריצים.
f) מרססים שמן בישול על פשטידות הידיים.
g) מניחים אותם על צלחת ה-Sear.
h) הפעל את תנור האייר פרייר וסובב את הכפתור כדי לבחור "אפייה".
i) בחר את הטיימר למשך 20 דקות ואת הטמפרטורה עבור 350 מעלות צלזיוס.
j) כאשר היחידה מצפצפת כדי לציין שהיא התחממה מראש, פתח את דלת התנור והכנס את לוח החריכה לתנור.
k) מניחים להתקרר שתי דקות לפני ההגשה.

57. **טארט חלבי אוכמניות**

מכינה: מנה אחת

רכיבים:

צדף

- 1½ כוסות קמח לכל מטרה
- ¼ כוס סוכר
- ¼ כפית מלח
- ¼ פאונד חמאה קרה; חתכו חתיכות
- ביצה 1 גדולה; להכות עם
- 2 כפות מי קרח
- אורז לא מבושל; למעטפת שקילה

מילוי חלב חמאה

- 1 כוס חלב חמאה
- 3 חלמונים גדולים
- ½ כוס סוכר
- 1 כף גרידת לימון; לְגָרֵר
- 1 כף מיץ לימון טרי
- ½ מקל חמאה ללא מלח; להמיס, לקרר
- 1 כפית וניל
- ½ כפית מלח
- 2 כפות קמח לכל מטרה
- 2 כוסות אוכמניות; לבחור
- אבקת סוכר

הוראות:

צדף

a) בקערה מערבבים יחד קמח, סוכר ומלח. מוסיפים חמאה ומערבבים עד שהתערובת מזכירה ארוחה גסה. מוסיפים את תערובת החלמונים, מערבבים עד להטמעת הנוזלים ויוצרים מהבצק דיסקית. לפדר את הבצק בקמח ולקרר, עטוף בניילון, למשך שעה. מרדדים בצק בעובי ⅛" על משטח מקומח ומכניסים לתבנית טארט בגודל 10 אינץ' עם שוליים מחורצים נשלפים.

b) מצננים את הקליפה לפחות 30 דקות או, מכוסה, למשך הלילה.

c) לחמם את התנור מראש ל -350 מעלות.

d) מרפדים את הקליפה בנייר כסף וממלאים אותה באורז. אופים את הקליפה באמצע התנור במשך 25 דקות.

e) מסירים בזהירות את נייר הכסף והאורז ואופים את הקליפה 5 דקות נוספות, או עד להזהבה חיוורת. מצננים מעטפת בתבנית על רשת.

מילוי

f) בבלנדר או מעבד מערבבים את חומרי המילוי עד לקבלת מרקם חלק. מורחים אוכמניות בצורה אחידה בתחתית הקליפה.

g) יוצקים את מלית החמאה על האוכמניות ואופים באמצע התנור במשך 30 עד 35 דקות או עד שהן מתייצבות.

h) מסירים את שפת התבנית ומצננים את הטארט לגמרי בתבנית שעל הרשת. מנפים את הסוכר של הקונדיטורים מעל הטארט ומגישים בטמפ' החדר או מצונן עם גלידת אוכמניות.

58. __סופלה שיבולת שועל__

עושה: 4

רכיבים:
- 1 כוס שיבולת שועל מגולגלת עבה במיוחד
- 3 כוסות חלב מלא
- 2 כפות סוכר טורבינדו
- קורט מלח כשר
- 3 ביצים גדולות, מופרדות
- 2 כוסות מעורב פטל ואוכמניות
- ½ כפית גרידת לימון מגוררת דק
- סוכר קונדיטורים, לניקוי אבק
- סירופ מייפל טהור, להגשה

הוראות:

a) מחממים את התנור ל-350 מעלות. חמאה תבנית אפייה של 2 ליטר.

b) בסיר גדול מערבבים את שיבולת השועל, החלב, סוכר הטורבינדו והמלח ומביאים לרתיחה.

c) מבשלים על אש מתונה, תוך ערבוב מדי פעם עד להסמכה לעקביות דייסה, כ-15 דקות. מסירים מהאש; לתת להתקרר מעט.

d) עובדים במהירות, מערבבים את החלמונים לתוך שיבולת השועל עד לקבלת תערובת אחידה.

e) מקפלים פנימה 1 כוס פירות היער וגרידת הלימון.

f) בקערה גדולה מקציפים בעזרת מיקסר ידני את החלבונים במהירות בינונית עד שנוצרים פסגות נוקשות בינוניות, כ-3 דקות. מקפלים בעדינות את החלבונים לתוך שיבולת השועל רק עד לאיחוד.

g) מגרדים את התערובת לתוך הכלי המוכן ואופים כ-30 דקות, עד להזהבה ותפוחה.

h) מפדרים בסוכר קונדיטורים ומגישים חם עם 1 הכוס הנותרת של פירות יער וסירופ מייפל, אם רוצים.

59. גלידת אוכמניות ווניל

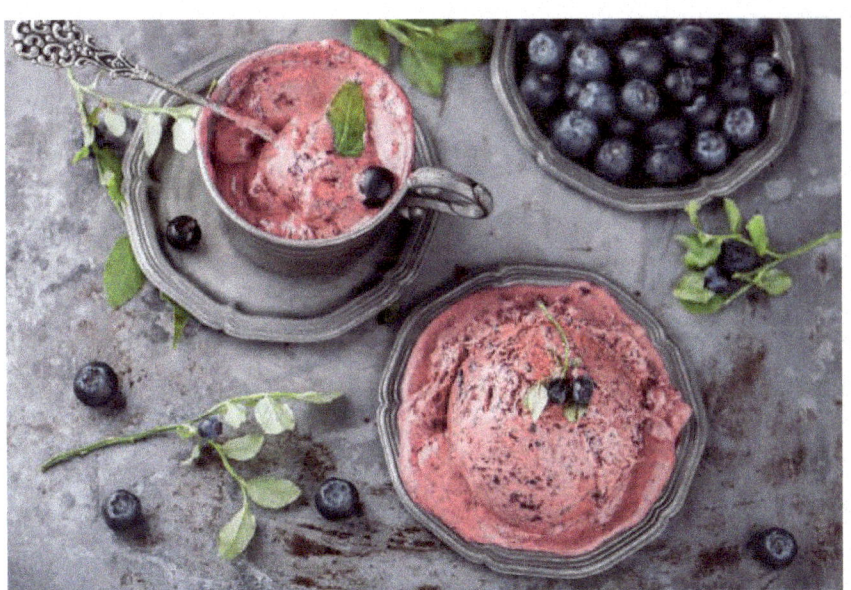

בערך 6 מנות

רכיבים:
- 175 גרם אוכמניות, שטופות ומרוקנות
- 40 גרם/1½ אונקיות סוכר צהוב או מגורען
- קרטון קצפת 284 מ"ל, צונן
- 1 כף תמצית וניל
- 225 גרם/8 אונקיות רפרפת מוכנה, צוננת

הוראות:
a) מכניסים את האוכמניות לסיר קטן ומפזרים את הסוכר מעל. מחממים בעדינות תוך כדי ערבוב מדי פעם עד שהמיץ בורחים מהאוכמניות ומגיעים לרתיחה.
b) מבשלים בעדינות 2-3 דקות עד שהפרי רך מאוד.
c) לוחצים את תערובת האוכמניות דרך מסננת וזורקים את הגרעינים. השאירו את המחית להתקרר ואז מקררים עד שהוא מתקרר.
d)
e) מעבירים את הקרם לקנקן גדול ומקציפים עד שהוא מסמיך מספיק ליצירת סרטים על פני השטח (זה לא אמור ליצור פסגות).
f) מערבבים פנימה את מחית הוניל, הרפרפת ומחית האוכמניות.
g) מעבירים את התערובת למכונת הגלידה ומקפיאים לפי ההוראות.
h) מעבירים לכלי מתאים ומקפיאים עד הצורך.

60. שרבט אוכמניות

רכיבים:
- 2 ליטר אוכמניות טריות שנאספו אך לא נשטפו
- 2 ½ כוסות סוכר
- מיץ מ-2 לימונים
- ¼ כוסות מים קרים

הוראות:

a) טוחנים פירות יער עם סוכר, מיץ לימון ומים.

b) יוצקים למכונת הגלידה ומקפיאים לפי ההוראות - עד לקבלת תערובת חלקה וקפואה.

c) כדי לשמר את טעם הפירות, מגישים עוד באותו היום.

61. סורבה פירות יער מעורבים

רכיבים:
- 3 כוסות פירות יער מעורבים
- 1 כוס סוכר
- 2 כוסות מים
- מיץ מ-1 ליים
- ½ כפית מלח כשר

הוראות:

a) בקערה, מערבבים יחד את כל פירות היער והסוכר. הניחו לפירות היער להתחכך בטמפרטורת החדר למשך שעה, עד שהם משחררים את המיץ שלהם.

b) מעבירים את פירות היער והמיץ שלהם לבלנדר או מעבד מזון ומוסיפים את המים, מיץ הליים והמלח. דופקים עד לקבלת תערובת אחידה. מעבירים לכלי, מכסים ומקררים עד קר, לפחות שעתיים או עד לילה.

c) מקפיאים וחורצים במכשיר גלידה לפי הוראות היצרן. לקבלת עקביות רכה, הגישו את הסורבה מיד; לקבלת עקביות מוצקה יותר, העבירו אותו לכלי, מכסים ומניחים להתקשות במקפיא למשך שעתיים עד שלוש שעות.

62. **גלידה בטעם אוכמניות ועוגת גבינה**

מכינה: 12 מנות

רכיבים:
- 12 גרם גבינת שמנת, טמפרטורת החדר
- ½ כפות מלח
- 1 כוס חלב שקדים לא ממותק, טמפרטורת החדר
- ¼ כוס מסקרפונה, טמפרטורת החדר
- 2 כפות וניל
- 1 כף תמצית לימון או מיץ
- ¼ כוס שמנת חמוצה, טמפרטורת החדר
- 1 כוס ממתיק סורב
- 1 כוס אוכמניות

הוראות

a) הכן והרכיב את המרכיבים שלך. אם הדוגמנית שלך ממליצה, הקפיאו מראש את קערת הערבוב של מכונת הגלידה למשך 24 שעות לפחות. גבינת שמנת, מסקרפונה, חלב שקדים ושמנת חמוצה צריכים להיות כולם בטמפרטורת החדר.

b) במיקסר עם חיבור להנעה מערבבים גבינת שמנת עד לקבלת תערובת חלקה. גירוד קערה מעת לעת

c) מוסיפים סוכר ומלח בזמן שהמיקסר פועל, מערבבים עד שהמרכיבים מתאחדים וחלקים. מוסיפים מסקרפונה, מערבבים עד לקבלת תערובת אחידה.

d) מוסיפים לאט חלב, וניל, לימון ושמנת חמוצה.

e) יוצקים את התערובת לקערה ומצננים במקרר למשך שעתיים לפחות או לילה. זה חייב להיות מקורר היטב.

f) קוצצים דופק אוכמניות במעבד מזון, או קוצצים גס עם סכין. תערובת שחלקה שמנמנה וחלקה מוחלקת היא מושלמת. מצננים את האוכמניות במקרר למשך שעתיים לפחות או למשך הלילה.

g) עקבו אחר הוראות היצרן להכנת גלידה. הדגם בו השתמשנו מגיע עם חיבור לקערה קפואה המוקפא מראש ל-24 שעות במקפיא. אין צורך במלח וקרח.

h) הגדר את מכונת הגלידה שלך לפי הוראות היצרן והפעל אותה. יוצקים את התערובת לקערת המקפיא הקפואה ומערבבים עד שהיא מתחילה להסמיך, בערך 10 עד 15 דקות.

i) מוסיפים אוכמניות וממשיכים לערבב עוד 5 עד 10 דקות עד שהגלידה מתחילה לקפוא ובעלת מרקם קרמי רך. מעבירים את הגלידה לכלי אטום ומקפיא לעוד כמה עד לקבלת המרקם הרצוי.

j) כשתהיה מוכן לאכול אפשר לגלידה להתרכך על השיש (אם צריך), גרפו אותה ותהנו!

63. קומפוט לימון אוכמניות Sous Vide

עושה: 6

רכיבים:
- 2 כוסות אוכמניות טריות
- ½ כוס סוכר
- קליפה מגוררת מלימון 1
- 2 כפות מיץ לימון
- 1 כף חמאה

הוראות:

a) הגדר את הסו-ווידאו שלך ל-85C/185F.
b) בקערה גדולה מערבבים את האוכמניות, הסוכר, גרידת הלימון והמיץ, והחמאה. מערבבים היטב.
c) יוצקים לשקית אטומה בוואקום ומטבלים באמבט מים למשך שעתיים.
d) מוציאים את השקית מאמבט המים ויוצקים לקערה. מערבבים ומשתמשים חמים או מקררים לשימוש מאוחר יותר.

64. **פרפה לארוחת בוקר רימון אוכמניות**

עושה: 1

רכיבים:
- יוגורט יווני רגיל ללא שומן
- דבש
- אוכמניות
- גרעיני רימון
- גרנולה

הוראות:
a) טפטפו מעט דבש בכוס או בקערה שבה תגישו את הפרפה אם תרצו שזה ייראה מבחוץ.
b) מוסיפים כף אחת של יוגורט ומעליהם כמה אוכמניות, גרגירי רימון וכף גרנולה.
c) מוסיפים עוד כף יוגורט, מעליו עוד טפטוף דבש, ושכבים על עוד אוכמניות, גרגירי רימון וגרנולה. אתה יכול לשכב כמה פעמים שצריך כדי למלא את צלחת ההגשה שלך.
d) מגישים מיד או שומרים קר עד מוכן לאכילה.

65. **גלידת אמרטו דובדבנים ואוכמניות**

עשוי: 4 כוסות

רכיבים:

- 2 כפות סוכר
- 2 כפות אמרטו
- 2 וחצי כוסות דובדבני בינג טריים, מגולענים
- ½ כוס אוכמניות טריות
- 2 כפות עמילן תירס
- 2 כוסות חצי-חצי, מחולקות
- ⅔ כוס סוכר
- 1 כף אמרטו
- ¼ כפית מלח

הוראות:

a) מערבבים סוכר, אמרטו, דובדבנים ואוכמניות בקערה בינונית. מניחים למשך 30-45 דקות, מערבבים מדי פעם. מוסיפים פירות עם מיצים לסיר בינוני ומבשלים על אש בינונית, תוך ערבוב תכוף, עד לריכוך, כ-15 דקות. מניחים לפירות להתקרר מעט, ואז מוסיפים למעבד מזון ומטגנים עד לקבלת מרקם במעט חלק, ומשאיר מעט מרקם. הניחו בצד ⅓ כוס תערובת פירות כדי להתערבל לגלידה; להחזיר את שאר תערובת הפירות לסיר.

b) טורפים יחד עמילן תירס ו-3 כפות חצי-חצי בקערה קטנה; לְהַפְרִישׁ. מוסיפים לסיר עם תערובת פירות את שאר החצי-חצי, סוכר, אמרטו ומלח; מביאים לרתיחה על אש בינונית-גבוהה תוך כדי טריפה מתמדת. מקציפים פנימה את תערובת העמילן-תירס. מחזירים לרתיחה ומבשלים עוד 1 עד 2 דקות, תוך ערבוב עד שמסמיך. מסירים מהאש ומצננים לטמפרטורת החדר, מכסים ומצננים במשך 6 שעות במקרר.

c) יוצקים את תערובת הגלידה המצוננת לתוך הגליל הקפוא של מכונת הגלידה; להקפיא לפי הוראות היצרן.

d) כף מחצית מתערובת הגלידה לתוך מיכל בטיחותי במקפיא, מעליהם כוסות מתערובת הפירות וחוזר חלילה. מערבבים שכבות יחד עם שיפוד עץ. מקפיאים את התערובת ללילה עד להתייצבות.

66. עוגת קמח תירס אוכמניות

מכונות: 16 מכונות: 2 עוגות 9 אינץ'

רכיבים:

בלילת עוגה:

- 3 כוסות קמח לכל מטרה
- 1 ½ כוסות קמח תירס
- 1 כף אבקת אפייה
- 1 כפית מלח
- 1 קילו חמאה לא מלוחה, מרוככת
- 3 כוסות סוכר לבן
- 8 ביצים בטמפרטורת החדר
- 1 ½ כוסות שמנת חמוצה
- 1 כף תמצית וניל פירות יער:
- ½ כוס חמאה ללא מלח, מחולקת
- 1 כוס סוכר חום, מחולק
- 6 כוסות אוכמניות טריות, מחולקות

הוראות:

a) מחממים את התנור ל-350 מעלות צלזיוס (175 מעלות צלזיוס).

b) מערבבים בקערה קמח לכל מטרה, קמח תירס, אבקת אפייה ומלח.

c) מקציפים יחד חמאה וסוכר במיקסר חשמלי עד לקבלת תערובת אחידה. טורפים פנימה ביצים אחת בכל פעם, מגרדים את הקערה לאחר כל הוספה. מוסיפים שמנת חמוצה ווניל; לשלב עד לקבלת תערובת חלקה. מוסיפים את תערובת הקמח ומערבבים עד להטמעה. לְהַפְרִישׁ.

d) מחלקים חמאה בין שתי מחבתות ברזל יצוק בגודל 9 אינץ'; להמיס על אש בינונית-נמוכה, כדקה. הוסף ½ מהסוכר החום לכל מחבת; מבשלים עד שהחמאה והסוכר מתחילים לבעבע, 2 עד 3 דקות. מחלקים את האוכמניות בין שתי התבניות ומסירים מהכיריים.

e) מחלקים בלילת קמח תירס בין התבניות; מניחים כל אחד על תבנית.

f) אופים בתנור שחומם מראש עד שקיסם הננעץ באמצע יוצא נקי, 45 עד 50 דקות.

g) מצננים מעט, כ-15 דקות. מפעילים סכין סביב הקצוות החיצוניים של כל עוגה והופכים על קרש חיתוך לחיתוך.

67. שבבי פירות יער נא

עושה: 6-8

רכיבים:
- 30 אונקיות פירות יער מעורבים (תותים, אוכמניות, פטל)
- 2 כוסות אגוזי מלך חיים או אגוזי פקאן נאים
- ¼ כוס שיבולת שועל לא מבושלת
- 2 כפות סירופ מייפל
- ¼ כפית אבקת בצל

הוראות:

a) בקערה גדולה מערבבים את התותים הפרוסים ופירות יער שטופים אחרים.

b) מכינים את הציפוי במעבד מזון, מעבדים את כל החומרים עד שהם מתאחדים.

c) בתבנית של 1.4 ליטר, מוסיפים את רוב תערובת פירות היער, ומשאירים בערך כמה כפות. לפזר באופן שווה.

d) כעת יוצקים את רוב התוספת על פירות היער, שומרים כמה כפות.

e) כעת מפזרים מעל את יתרת הגרגרים ולבסוף את שאר התוספת.

f) מגישים מיד או מקררים למשך שעה.

68. <u>טארט אוכמניות</u>

מכינה: 4 מנות

רכיבים:

- 2 כוסות אוכמניות טריות
- ⅓ סוכר חום
- 4 כפיות עמילן תירס
- ½ כוס שקדים פרוסים
- 2 כפות מים
- 1 דף בצק פאי בקירור
- 1 חלמון ביצה, טרופה

הוראות:

a) מחממים את התנור ל-400 מעלות.
b) בקערה גדולה מערבבים את האוכמניות, הסוכר החום, עמילן התירס והמים.
c) מורחים את תערובת האוכמניות על מרכז הקרום.
d) מקפלים את קצה ה-2 אינץ' של הקרום על תערובת האוכמניות, מכווצים מעט את הקרום.
e) מברישים את הפאי בחלמון ומפזרים מעל את השקדים הפרוסים.
f) אופים 20 דקות עד שהקרום מזהיב.
g) מצננים מעט לפני ההגשה.

69. **פירור חלב פירות יער**

עשוי: 2½ כוסות

רכיבים:
- 1 מנה פירור חלב
- 40 גרם אבקת דובדבנים מיובשים בהקפאה [½ כוס]
- 20 גרם אבקת אוכמניות מיובשות בהקפאה [¼ כוס]
- 0.5 גרם מלח כשר [⅛ כפית]

הוראות:

a) זורקים את פירורי החלב עם אבקות פירות היער והמלח בקערה בינונית עד שכל הפירורים הם בצבע אדום וכחול מנומרים אחיד, מצופים באבקת פירות היער.

b) הפירורים יישמרו בכלי אטום במקרר או במקפיא עד חודש.

70. **פריך אגוז אוכמניות תפוחים**

מכינה: 6 מנות

רכיבים:

מילוי:

- 3 תפוחים גדולים אדומים או זהובים טעימים (בערך 2 פאונד), קלופים וחתוכים לחתיכות של ½ אינץ' (בערך 4 כוסות)
- 2 כפות סוכר חום ארוזות
- 2 כפות קמח מלא
- 1 כפית תמצית וניל
- ½ כפית קינמון טחון
- חצי ליטר אוכמניות (1 כוס)

טופינג פריך:

- ¾ כוס אגוזי מלך, קצוצים דק מאוד
- ¼ כוס שיבולת שועל מיושנת או בישול מהיר
- 2 כפות סוכר חום ארוזות
- 2 כפות קמח מלא
- 2 כפות זרעי פשתן טחונים
- ½ כפית קינמון טחון
- ⅛ כפית מלח
- 2 כפות שמן קנולה

הוראות:

a) מחממים את התנור ל-400 מעלות צלזיוס.

b) מערבבים את התפוחים, הסוכר החום, הקמח, הווניל והקינמון בקערה גדולה ומערבבים לציפוי. לזרוק פנימה בעדינות את האוכמניות. מניחים את תערובת התפוחים בתבנית אפייה בגודל 8 x 8 אינץ' ומניחים בצד.

c) להכנת הציפוי, שלבו את אגוזי המלך, שיבולת השועל, הסוכר החום, הקמח המלא, זרעי הפשתן, הקינמון והמלח בקערה בינונית.

d) מוסיפים את שמן הקנולה ומערבבים עד שהחומרים היבשים מצופים היטב.

e) מורחים את הציפוי באופן שווה על תערובת הפירות.

f) אופים 40 עד 45 דקות, או עד שהפירות רכים והציפוי זהוב (מכסים בנייר כסף אם הציפוי משחים מהר מדי).

71. **אוכמניות בוי פיתיון**

רכיבים:

- 2 כפות של קמח
- 1 כוס סוכר
- 2 כפיות אבקת אפיה
- ¼ כפית מלח
- ⅔ כוס שמן צמחי
- 1 כוס חלב
- 124.ביצים
- 2 כוסות אוכמניות טריות או קפואות
- 2 כפות סוכר
- 1 כפית קינמון

הוראות:

a) מחממים תנור ל-350 מעלות ומרססים תבנית אפייה בגודל 9×13 אינץ' עם ספריי בישול טפלון.

b) בקערת מיקסר של מיקסר עצמאי המצויד בחיבור ההנעה מערבבים יחד את הקמח, הסוכר, אבקת האפייה והמלח.

c) מוסיפים את השמן, החלב והביצים. מערבבים במשך 3 דקות.

d) יוצקים את הבלילה לתבנית המוכנה, מפזרים מעל באופן שווה את האוכמניות.

e) בקערה קטנה מערבבים את 3 כפות הסוכר והקינמון, ואז מפזרים את האוכמניות. אופים 50 דקות או עד שקיסם הננעץ במרכז יוצא נקי.

72. עוגת זבל אוכמניות

עושה: 8-10

רכיבים:
- 1 מקל חמאה
- 1 קופסה של תערובת עוגה צהובה
- פחית 1 21oz של מילוי פאי

הוראות:

a) מחממים תנור ל-350 מעלות, אם משתמשים בכלי זכוכית 325 מעלות.
b) מורחים מלית פאי בתחתית כלי 9X13.
c) מפזרים תערובת עוגה על החלק העליון של המילוי.
d) פורסים את החמאה ומניחים על תערובת העוגה.
e) מכניסים לתנור ואופים במשך שעה.
f) מצננים 5 דקות לפני ההגשה.
g) מגישים ונהנים!

73. לחם מתלש לימון אוכמניות

מייצרים: 2 כיכרות נשלפות

רכיבים:

- חמאה, לשימון
- 4 אונקיות קרם פרש
- ¼ כוס פלוס 1 כף דבש
- 2 כפיות תמצית וניל טהורה
- גרידה ומיץ מלימון 1
- ½ כפית קינמון טחון
- בצק לחם יומיומי, בטמפרטורת החדר
- 2 כוסות אוכמניות טריות או קפואות
- 1 כף עלי טימין טריים

הוראות:

a) משמנים שתי תבניות בגודל 9 × 5 אינץ'.

b) מכינים את המילוי. בקערה קטנה מערבבים יחד את הקרם פרש, כף אחת מהדבש, הווניל, גרידת הלימון, מיץ הלימון והקינמון.

c) מכינים את הלחמניות. הופכים את הבצק על משטח עבודה מקומח קלות, חוררים אותו ומגלגלים אותו למלבן בגודל 10 × 16 אינץ' בעובי של חצי סנטימטר, עם צד ארוך כלפיך. מורחים את תערובת הקרם פרש על הבצק ומפזרים מעל את האוכמניות בצורה אחידה. התחל מהקצה הארוך הקרוב אליך, משוך את הבצק מעלה ומעל את המילוי ומגלגל אותו בזהירות לתוך בול עץ, תוך שמירה על הדוק למדי. צובטים את הקצה כדי לאטום.

d) הופכים את תפר העץ כלפי מטה וחותכים אותו ל-12 גלילים שווים. מניחים 6 גלילים, עם צד התפר כלפי מטה, בכל תבנית מוכנה; הלחמניות צריכות לגעת. מכסים ומניחים לתפיחה במקום חמים עד כמעט הכפלת נפחו, 30 דקות עד שעה.

e) מחממים את התנור ל-350 מעלות צלזיוס.

f) אופים את הלחמניות עד להשחמה קלה מלמעלה, 45 עד 50 דקות. מניחים בצד להתקרר מעט.

g) מכינים את דבש הטימין. בינתיים מערבבים בסיר קטן על אש נמוכה את הטימין ואת רבע כוס הדבש הנותרת. מבשלים עד שהדבש מתחיל לבעבע, כ-3 דקות, ומסירים את המחבת מהאש.

h) מטפטפים את הלחם בדבש הטימין החם. שומרים שאריות בקירור בכלי אטום עד 3 ימים.

74. סנדלר ברי מעורב עם עוגיות סוכר

מכינה: 10 מנות

רכיבים:
- שמן צמחי, לשימון
- 2 כוסות תותים טריים, פרוסים
- 2 כוסות פטל שחור טרי
- 2 כוסות אוכמניות טריות
- 1 כוס סוכר מגורען
- ¾ כוס מים
- 2 כפות חמאה ללא מלח
- 1 כף תמצית וניל
- 3 כפות עמילן תירס

לטופינג הביסקוויטים:
- 2 כפות של קמח
- ¼ כוס סוכר מגורען
- 3 כפות אבקת אפייה
- ½ כפית מלח כשר
- ¾ כוס חלב חמאה
- 5 כפות חמאה קרה ללא מלח, מגוררת
- 2 כפיות תמצית וניל
- 2 כפות חמאה ללא מלח מומסת
- 2 כפות סוכר גס

הוראות:

a) מחממים את התנור ל-375 מעלות F. משמנים קלות תבנית אפייה בגודל 9 על 13 אינץ'.

b) בסיר גדול על אש בינונית מערבבים את פירות היער עם הסוכר, המים, החמאה והוניל. כאשר מתחילות להיווצר בועות, שולפים כ-¼ כוס נוזלים מהסיר.

c) בקערה קטנה, מערבבים את ¼ כוס הנוזל החם עם עמילן התירס ומערבבים עד ללא גושים. יוצקים את תערובת עמילן התירס בחזרה לסיר עם פירות היער ומערבבים. מבשלים עד שהכל מסמיך, ואז יוצקים את תערובת הפירות לתבנית האפייה. לְהַפְרִישׁ.

d) לציפוי הביסקוויטים, מערבבים בקערה גדולה את הקמח, הסוכר, אבקת האפייה והמלח. מקציפים עד לקבלת תערובת אחידה. מוסיפים פנימה את החלב, החמאה המגוררת והוניל. ערבב את המרכיבים. שולפים את תערובת הביסקוויטים ומניחים אותה על מלית פירות היער.

e) מברישים את הביסקוויטים בחמאה מומסת, ואז מפזרים את הסוכר הגס. אופים בתנור, ללא כיסוי, במשך 30 עד 35 דקות. מוציאים מהתנור, ומצננים. מגישים עם או בלי גלידה.

75. **פירות יער קיץ עם נענע טרייה**

מכינה: 4 עד 6 מנות

רכיבים:

- 2 כפות מיץ תפוזים או אננס טרי
- 1 כף מיץ ליים טרי
- 1 כף נקטר אגבה
- 2 כפיות נענע טרייה טחונה
- 2 כוסות דובדבנים טריים מגולענים
- 1 כוס אוכמניות טריות
- 1 כוס תותים טריים, קלופים וחצויים
- 1⁄2 כוס פטל שחור או פטל טרי

הוראות:

a) בקערה קטנה מערבבים את מיץ התפוזים, מיץ הליים, נקטר אגבה ונענע. לְהַפְרִישׁ.
b) בקערה גדולה מערבבים את הדובדבנים, האוכמניות, התותים והאוכמניות. מוסיפים את הרוטב ומערבבים בעדינות לאיחוד.
c) מגישים מיד.

76. יוזו אוכמניות זוטות בודדות

מכינה: 6 מנות

רכיבים:

לעוגת היוזו:

- 1 כוס קמח עוגה
- ½ כפית אבקת אפייה
- ¼ כפית פלוס ⅛ כפית סודה לשתייה
- ¼ כפית מלח
- ½ מקל חמאה, מרוככת
- ⅓ כוס סוכר קנים מגורען
- ביצה 1
- ¾ כפית תמצית וניל
- ½ כפית תמצית יוזו
- ½ כוס חלב חמאה

עבור הקצפת הממותקת:

- 1 כוס שמנת להקצפה כבדה
- ¼ כפית משחת פולי וניל או תמצית וניל
- 1 כף סירופ מייפל טהור

לזוטות:

- ½ עוגת יוזו
- קצפת ממותקת
- 1 כוס יוזו קרד
- 2 כוסות אוכמניות טריות

הוראות:

לעוגת היוזו:

a) חמאה תבנית עוגה בגודל 9 אינץ'. מחממים תנור ל-300ºF.

b) בקערה קטנה, טורפים יחד קמח, אבקת אפייה, סודה לשתייה ומלח. בקערה גדולה מקציפים יחד חמאה וסוכר.

c) מוסיפים ביצה וטורפים היטב. טורפים פנימה תמציות וניל ויוזו.

d) מוסיפים מחצית מהחומרים היבשים לחומרים הרטובים ומערבבים. מוסיפים חמאה ומקציפים.

e) מוסיפים את שאר החומרים היבשים ומערבבים רק עד לאיחוד.

f) יוצקים את הבלילה לתבנית המוכנה, מחליקים אותה ואופים בתנור שחומם מראש עד להשחמה קלה וקיסם הננעץ במרכזה יוצא נקי, כ-30 דקות.

g) מצננים לחלוטין לפני הכנת הזוטות.

עבור הקצפת הממותקת:

h) בקערה בינונית מקציפים את השמנת, הווניל והסירופ או הסוכר עד שנוצרות פסגות נוקשות בינוניות.

כדי להכין את הזוטות:

i) פורסים חצי מהעוגה לקוביות קטנות. מניחים כמה מהקוביות בתחתית צנצנת של 8 אונקיות.

j) מוסיפים כף או שניים של קצפת. זורקים פנימה שכבה של אוכמניות.

k) מורחים כף גדושה של יוזו קרם מלמעלה. חזור על השכבות פעם נוספת.

l) עשו אותו דבר עם צנצנות הריבה הנותרות.

m) מגישים מיד או מאחסנים, מכוסה, במקרר לכמה שעות.

77. **פאי ריבס אוכמניות**

מכינה: 7 מנות

רכיבים:

מילוי פאי:

- 4 כוסות ריבס טרי קצוץ
- 2 כוסות אוכמניות טריות
- 2 כפות חמאה מומסת
- 1-⅓ כוס סוכר לבן
- ⅔ כוס ארבע

CRMBLE TOP:

- ½ כוס (1 מקל) חמאה מומסת
- 1 כוס קמח
- 1 כוס שיבולת שועל
- 1 כוס סוכר חום דחוס
- 1 כפית קינמון

הוראות:

מילוי פאי:

a) מרססים את החלק התחתון של תבנית פאי בעומק 9 אינץ' בעזרת ספריי.

b) מרפדים את התבנית בתבנית פאי. אם מכינים קרמבל, חורצים את שולי הקרום לפני המילוי.

c) מורחים ¼ כוס קמח באופן שווה על תחתית בצק הפאי לפני הוספת מילוי הפאי.

d) מאחדים את כל מרכיבי מלית הפאי ולוחצים לתבנית הפאי.

CRMBLE TOP:

e) מערבבים את כל החומרים עד לקבלת תערובת פירורית.

אֲפִיָּה:

f) מוסיפים את ה-cramble top למלית הפאי, מפזרים בצורה אחידה. אם משתמשים בחלק העליון של פאי, הניחו על כל מלית הפאי, והצמידו את הקצוות של מעטפת הפאי העליון אל הבצק התחתון, תוך ריכוך הקצוות. יוצרים חריצים בקרום העליון כדי לאפשר לפשטידה לאדות. מרססים את הקרום העליון בספריי מחבת ומפזרים היטב 5 כפות סוכר בגלם.

g) מכסים בנייר כסף ואופים בחום של 350 מעלות למשך שעה (פחות אם משתמשים בתנור הסעה)

h) מניחים לפשטידה להתקרר לחלוטין לפני ההגשה.

78. תבשיל שיבולת שועל ברי דובדבן

מכינה: 6 מנות

רכיבים:

- 2 כוסות שיבולת שועל יבשה מגולגלת
- ½ כוס ועוד 2 כפות. סוכר חום בהיר
- 1 כפית אבקת אפייה
- 1 כפית קינמון טחון
- ½ כפית מלח
- ½ כוס דובדבנים מיובשים
- ½ כוס אוכמניות קפואות טריות או מופשרות
- ¼ כוס שקדים קלויים
- 1 כוס חלב מלא
- 1 כוס שמנת חצי וחצי
- ביצה 1
- 2 כפות. חמאה ללא מלח מומסת
- 1 כפית תמצית וניל

הוראות:

a) מחממים את התנור ל-375 מעלות. מרססים תבנית אפייה מרובעת בגודל 8 אינץ' בספריי בישול נון-סטיק.

b) בקערת מיקסר מוסיפים את שיבולת השועל, ½ כוס סוכר חום, אבקת אפייה, קינמון, מלח, דובדבנים, ¼ כוס אוכמניות ו-⅛ כוס שקדים. מערבבים עד לאיחוד ומורחים בתבנית האפייה.

c) מפזרים מלמעלה ¼ כוס אוכמניות ו-⅛ כוס שקדים.

d) מוסיפים לקערת מיקסר את החלב, חצי השמנת וחצי, הביצה, החמאה ותמצית הווניל. מקציפים עד לאיחוד ויוצקים על החלק העליון של התבשיל. לא לערבב. מפזרים מלמעלה 2 כפות סוכר חום.

e) אופים במשך 30 דקות או עד שהתבשיל מתייצב ושיבולת השועל רכה. מוציאים מהתנור ונותנים לתבשיל לנוח 5 דקות לפני ההגשה.

רטבים

79. **רוטב פירות קיץ**

מכינה: כ-2 כוסות

רכיבים:
- 1 כף עמילן תירס
- 1 כוס מיץ תפוזים טרי
- 1/4 כוס נקטר אגבה
- 2 כפות מרגרינה טבעונית
- 1 כפית גרידת תפוז מגוררת דק
- 2 אפרסקים בשלים, חצויים, מגולענים וקצוצים דק
- 1/2 כוס אוכמניות טריות

הוראות:
a) בסיר בינוני מערבבים עמילן תירס ומיץ תפוזים. מוסיפים את נקטר האגבה ומביאים לרתיחה. מנמיכים את האש לבינונית ומבשלים תוך כדי ערבוב מתמיד עד להסמכה, כ-5 דקות.

b) מסירים מהאש ומערבבים פנימה את המרגרינה וגרידת התפוז. מערבבים פנימה את האפרסקים והאוכמניות. מגישים בטמפרטורת החדר או מקורר. שומרים שאריות רוטב מכוסות במקרר עד יומיים.

80. <u>רוטב אוכמניות</u>

מכינה: 4 מנות

רכיבים:
- 2 כוסות אוכמניות
- 4 שאלוט חתוך לקוביות
- 2 כפות חמאה
- 1 כף חרדל דגנים
- ¼ כוס יין אדום
- מלאי בקר
- 2 כפות סוכר
- פלפל שחור לפי הטעם
- מלח כשר לפי הטעם
- טימין טרי

הוראות:

a) מקרמלים את קוביות השאלוט עם חמאה, טימין ומלח.

b) מוסיפים את החרדל והאוכמניות ושוברים אותם עם מזלג תוך כדי בישול על אש בינונית.

c) מוסיפים את הפלפל השחור ומספיק ציר בקר לכיסוי האוכמניות, ומבשלים בעדינות כ-25 דקות, עד שהשאלוט והאוכמניות רכים והרוטב מצטמצם ומבריק.

d) מגישים את הרוטב הזה עם חזה עוף בגריל ומחית כרובית!

81. סירופ אוכמניות טעים

מכינה: בערך ½-2 כוסות

רכיבים:

- ½ כוס סוכר
- 1 ט עמילן תירס
- ⅓ ג. מים
- 2 כוסות אוכמניות טריות או קפואות

הוראות:

a) בסיר על אש בינונית מערבבים סוכר ועמילן תירס. מערבבים פנימה מים בהדרגה.

b) להוסיף פירות יער; להביא לרתיחה. מרתיחים תוך כדי ערבוב מתמיד במשך דקה אחת, או עד שהתערובת מסמיכה.

c) מגישים חם, או יוצקים לצנצנת מכוסה ושומרים במקרר מספר ימים.

82. **ריבת אוכמניות**

עושה 9 חצאי ליטר

רכיבים:
- 8 כוסות אוכמניות טריות
- 6 כוסות דבש
- 3 כפות מיץ לימון
- 2 כפיות קינמון טחון
- 2 כפיות גרידת לימון מגוררת
- ½ כפית אגוז מוסקט טחון
- 6 אונקיות של פקטין פרי נוזלי ללא סוכר

הוראות:
a) מניחים אוכמניות במעבד מזון; מכסים ומקציפים עד לתערובת כמעט מלאה.

b) מעבירים לסיר. מערבבים פנימה את הדבש, מיץ הלימון, הקינמון, גרידת הלימון ואגוז המוסקט. מביאים לרתיחה מלאה על אש גבוהה תוך ערבוב מתמיד. מערבבים פנימה פקטין.

c) מרתיחים במשך דקה, תוך ערבוב מתמיד.

d) מסירים מהאש; להרחיק את הקצף. מצקת תערובת חמה לתוך צנצנות חמות מעוקרות של חצי ליטר, ומשאירים ¼ אינץ' של מרווח ראש.

e) הסר בועות אוויר; לנגב חישוקים ולהתאים מכסים. מעבדים 10 דקות בקופסת מים רותחים.

סמוטי וקוקטיילים

83. **אליקסיר רימונים Ombré**

עושה: 4

רכיבים:

- 16 אונקיות של מיץ תפוזים
- 4 אונקיות מיץ חמוציות
- 2 כפות מיץ ג'ינג'ר
- 3½ אונקיות אוכמניות + תוספת לקישוט
- 8 אונקיות של מיץ רימונים
- 4 כפות סוכר, או לפי הטעם

הוראות:

a) שלבו את מיצי התפוזים, החמוציות והג'ינג'ר.
b) מכסים ומקררים עד לצינון.
c) טוחנים בבלנדר את האוכמניות עם מיץ הרימונים והסוכר.
d) מצננים במקרר.
e) מוזגים את תערובת מיץ התפוזים-חמוציות-ג'ינג'ר ל-4 כוסות.
f) מעל מחית רימונים-אוכמניות.
g) מגישים מעוטר באוכמניות טריות.

84. **אוכמניות קרח עם אשכוליות לבנה**

עושה: 4

רכיבים:
- 7 אונקיות אוכמניות
- 7 אונקיות סוכר
- 7 ענפי טימין
- 16 אונקיות מיץ אשכוליות לבן
- מיץ מ-1 ליים
- 1 גבעול רוזמרין, מופשט

הוראות:
a) מניחים 4 אוכמניות במגש קוביות קרח, יוצקים מים על הגרגרים ומקפיאים.
b) בסיר או בסיר, מערבבים את הסוכר ו-4 אונקיות מים על אש מתונה ומרתיחים, תוך ערבוב קבוע.
c) מערבבים פנימה את ענפי התימין.
d) מערבבים 2 כפות סירופ טימין עם מיצי האשכולית והליים.
e) מגישים ב-4 כוסות, מוסיפים כמה קוביות קרח אוכמניות לכל כוס ומגישים צונן, מעוטר ברוזמרין.

85. <u>שייק ירוק</u>

עשוי: 4 כוסות

רכיבים:
- 2 כוסות ירקות חתוכים
- 2 כוסות אוכמניות
- 2 כוסות מים מסוננים, לפי הצורך

הוראות:
a) שמים את כל החומרים בבלנדר חזק ומערבבים עד לקבלת תערובת חלקה.
b) ניתן לשמור במקרר עד יום אחד, אבל עדיף ליהנות מיד.

86. שרי אוכמניות קייל

רכיבים:
- 1 כוס קייל
- 1 כוס דובדבנים
- ½ כוס אוכמניות

הוראות:
a) מערבבים עם ½ עד 1 כוס נוזל.
b) תהנה

87. **שייק חלבון פאוור**

רכיבים:
- ¾ כוס חלב ללא שומן
- ½ בננה בשלה
- ½ כוס פטל קפוא
- ½ כוס אוכמניות קפואות
- 1 כף אבקת חלבון מי גבינה וניל
- 5 קוביות קרח

הוראות:
a) מערבבים עד לקבלת תערובת חלקה.
b) טועמים ומתקנים קרח או מרכיבים במידת הצורך.

88. שייק סופרפוד

רכיבים:
- ½ כוס דובדבנים קפואים
- 8 אונקיות מים
- ½ כוס סלק חי קצוץ
- ½ כוס תותים קפואים
- ½ כוס אוכמניות קפואות
- ½ בננה
- 1 כף חלבון מי גבינה שוקולד
- 1 כף זרעי פשתן טחונים

הוראות:
a) מערבבים עד לקבלת תערובת חלקה.
b) טועמים ומתקנים קרח או מרכיבים במידת הצורך.

89. הפאוור שייק של ד"ר מייק

רכיבים:
- ¼ כוס גבינת קוטג' דלת שומן
- 1 כוס אוכמניות (טריות או קפואות)
- 1 כף אבקת חלבון וניל
- 2 כפות ארוחת זרעי פשתן
- 2 כפות אגוזי מלך, קצוצים
- 1½ כוסות מים
- 3 קוביות קרח

הוראות:
a) מערבבים עד לקבלת תערובת חלקה.
b) טועמים ומתקנים קרח או מרכיבים במידת הצורך.

Bright Berry Shake   .90

רכיבים:
- 1 ½ כוסות מים או חלב שקדים
- 2 כפיות אבקת חלבון וניל
- 8 פטל
- 4 תותים
- 12 אוכמניות
- חופן קוביות קרח

הוראות:
a) מערבבים עד לקבלת תערובת חלקה.
b) טועמים ומתקנים קרח או מרכיבים במידת הצורך.

91. <u>שייק מנגו אוכמניות</u>

רכיבים:
- ½ כוס מנגו קצוץ טרי או קפוא
- ¼ כוס אוכמניות טריות או קפואות
- ¼ כוס יוגורט יווני רגיל
- 1 כוס מים או חלב שקדים
- 2 כפיות אבקת חלבון וניל

הוראות:
a) מערבבים עד לקבלת תערובת חלקה.
b) טועמים ומתקנים קרח או מרכיבים במידת הצורך.

92. **פיצוץ אוכמניות**

רכיבים:
- 1 כוס חלב שקדים וניל
- 1 בננה קפואה (קליפה לפני ההקפאה)
- ½ כוס אוכמניות
- 1 כף אבקת חלבון ללא טעם או וניל

הוראות:
a) לזרוק את כל החומרים לבלנדר למשך 30-60 שניות.

93. <u>**שייק מאפין אוכמניות**</u>

רכיבים:

- 2 כפיות אבקת חלבון וניל
- 6 אונקיות חלב שקדים
- ⅔ כוס אוכמניות
- 2 כפיות חמאת קשיו
- 5-1 טיפות תמצית וניל
- 4 אונקיות מים (יותר עבור שייק דק יותר, פחות עבור שייק סמיך יותר)
- 3 קוביות קרח

הוראות:

a) לזרוק את כל החומרים לבלנדר למשך 30-60 שניות.

94. **שייק קוקוס אוכמניות**

עושה: 2

רכיבים:
- 3 כפות ארוחת פשתן זהב
- 1 כף זרעי צ'יה
- 2 כוסות וניל חלב קוקוס לא ממותק
- 10 טיפות סטיביה נוזלית
- ¼ כוס אוכמניות

הוראות:
a) בבלנדר מערבבים את כל החומרים.
b) לאחר מכן מערבבים במשך 1-2 דקות, או עד שכל המרכיבים מתאחדים לחלוטין.

95. שייק קטו טרופי

עושה: 1

רכיבים:
- קוביות קרח
- ¾ כוס חלב קוקוס לא ממותק
- ¼ כוס שמנת חמוצה
- 2 כפות ארוחת פשתן זהב
- 20 טיפות סטיביה נוזלית
- ¼ כפית תמצית אוכמניות

הוראות:
a) בבלנדר מערבבים את כל החומרים.
b) מערבבים במשך 1-2 דקות במהירות גבוהה, או עד שהסמיכות מסמיכה.

96. <u>שייק אספסת מונבט</u>

עושה: 1

רכיבים:
- 1 כוס מים
- 2 כוסות בייבי תרד
- ½ בננה בינונית
- 1 כף אבקת חלבון מי גבינה וניל
- ¼ כוס אוכמניות קפואות
- ¼ כוס אוכמניות קפואות לא ממותקות
- ½ כוס נבטי אספסת

הוראות:

a) כדי להתחיל, שמים מים ותרד בבלנדר. לאחר מכן מוסיפים את שאר החומרים ו-3 קוביות קרח.

b) מערבבים עד לקבלת תערובת חלקה ומגישים.

97. שייק אוכמניות

מכינה: 1-2 מנות

רכיבים:
- 1 כוס אוכמניות
- 1 בננה קטנה
- חתיכת ג'ינג'ר בגודל 1 אינץ'
- 1 כוס בייבי תרד
- 1 כוס חלב שקדים
- 1 כף זרעי פשתן
- 1 כף חמאת שקדים
- ½ כוס קרח

הוראות:
a) מניחים את הקרח לתוך בלנדר במהירות גבוהה.
b) מוסיפים את שאר החומרים.
c) מהדקים את המכסה לבלנדר ומעבדים עד שהשייק קרמי וחלק.
d) מעבירים לכוס שתיה ונהנים מיד!

98. שייק קקאו תרד

רכיבים:
- 2 כוסות תרד
- 1 כוס אוכמניות, קפואות
- 1 כף אבקת קקאו כהה
- ½ כוס חלב שקדים לא ממותק
- ½ כוס קרח כתוש
- 1 כפית גולמיתדבש
- 1 כף אבקת מאצ'ה

הוראות:
a) מערבבים בבלנדר
b) לְשָׁרֵת

99. שייק פאי אוכמניות

רכיבים:

להכנה

- 2 וחצי כוסות אוכמניות קפואות
- 1 בננה, פרוסה
- 2 קרקרים שלמים קינמון גרהם, שבורים לחתיכות
- 1 כף חמאת שקדים

לשרת

- 1 כוס חלב וניל לא ממותק
- ½ כוס יוגורט יווני 2%
- 3 כפיות דבש

הוראות:

a) שלבו את האוכמניות, הבננה, קרקרים גרהם וחמאת השקדים בקערה גדולה. מחלקים בין 4 שקיות מקפיא מסוג ziplock. מקפיאים עד חודש עד להגשה.

b) להכנת מנה אחת: מניחים את תכולת שקית אחת בבלנדר ומוסיפים ¼ כוס חלב שקדים, 2 כפות יוגורט ו¾ כפית דבש. מערבבים עד לקבלת תערובת חלקה. מגישים מיד.

100. שייק קוקוס קשת

רכיבים:
להכנה
- 2 קלמנטינות קלופות ומפולחות
- 1 כוס אננס חתוך לקוביות
- 1 כוס מנגו חתוך לקוביות
- 1 כוס תותים פרוסים
- 1 כוס אוכמניות
- 1 כוס פטל שחור
- 1 קיווי, קלוף ופרוס
- 2 כוסות בייבי תרד
- ½ כוס קוקוס פתיתים

לשרת
- 2 כוסות מי קוקוס

הוראות:

a) שלבו את המנדרינות, האננס, המנגו, התותים, האוכמניות, הפטל שחור, הקיווי, התרד והקוקוס בקערה גדולה. מחלקים בין 6 שקיות מקפיא מסוג ziplock. מקפיאים עד חודש עד להגשה.

b) להכנת מנה אחת: מניחים את התוכן של שקית אחת בבלנדר ומוסיפים ⅓ כוס מי קוקוס. מערבבים עד לקבלת תערובת חלקה. מגישים מיד.

סיכום

Blueberry Bliss הוא לא סתם ספר בישול, זו הזמנה לחקור את העולם המופלא של האוכמניות. ספר בישול זה הוא חגיגה של הרבגוניות והערך התזונתי של אוכמניות, ועם 100 מתכונים טעימים, זהו מדריך אולטימטיבי לשילוב מזון העל הזה בתזונה היומיומית שלך.

הספר מאורגן בקפידה, מתחיל במנות ארוחת בוקר כמו לביבות אוכמניות, מאפינס וסקונס. כל מתכון מעוצב בקפידה כדי להציג את הטעם והמרקם הייחודיים של אוכמניות, מה שהופך כל ביס לפרץ של טעם. לאחר מכן, תמצאו מגוון מנות מלוחות המשתמשות באוכמניות בדרכים חדשניות, כמו שקדי חזיר מזוגגים באוכמניות, רוטב ברביקיו אוכמניות וסלט קינואה אוכמניות. המתכונים האלה יעוררו אותך להתנסות בשילובי טעמים חדשים ולשלב אוכמניות בארוחות היומיומיות שלך.

אבל, כמובן, שום ספר בישול אינו שלם בלי מבחר של פינוקים מתוקים, ואוכמניות בליס לא מאכזבת. תוכלו למצוא קינוחים קלאסיים כמו פאי אוכמניות וקראמבל אוכמניות, כמו גם מתכונים יצירתיים יותר כמו חטיפי עוגת גבינה אוכמניות וטארט לימון אוכמניות. הקינוחים האלה מושלמים לסיפוק השן המתוקה שלך תוך כדי קבלת היתרונות הבריאותיים של אוכמניות.

יתרה מכך, הספר כולל טיפים מועילים ווריאציות לרבים מהמתכונים, כך שתוכל להתאים אותם לטעמך או לנסות מרכיבים חדשים. קל לעקוב אחר המתכונים וכוללים רשימת מרכיבים, הוראות שלב אחר שלב וצילומים יפים שיגרמו לכם לדמוע בפה.

לסיכום, Blueberry Bliss הוא ספר בישול חובה לכל מי שאוהב אוכמניות או רוצה לשלב מרכיבים מזינים וטעימים יותר בתזונה שלו. עם 100 מתכונים לבחירה, לעולם לא ייגמרו לך הדרכים ליהנות מהטעם המתוק והחריף של אוכמניות. אז קדימה, התחילו את ההרפתקה הקולינרית שלכם עוד היום וגלו את העולם המאושר של בישול אוכמניות!

Ingram Content Group UK Ltd.
Milton Keynes UK
UKHW020625210623
423802UK00010B/55

9 781835 008225